ひとりの力を信じよう

「今あるもの」で
人と地域の未来をつくる

立花 貴
Takashi Tachibana

英治出版

はじめに　古くて新しい、絶望的で魅力的な場所。

はじめてここを訪れた人には、よくこんなことを言われます。

「石巻から1時間もかかる辺境のまちに、こんなに多種多様な人が集まるなんて！」

「ここで出会った人とは、深いところでつながっている感じがしています」

「どこで会っても気心が知れた良い仲間でいられる気がします」

「引っ込み思案の娘がいろんなことにチャレンジする姿にびっくり」

「こどもがなんでも自分でやるようになりました」

「息子がたくましくなったような気がします」

「ここで外国のこどもたちに出会うとは思わなかったなあ」

「こどもが『生きるということを学んだ』と言っています」

「とにかく、食事のおいしさに感動した！」

「元気をもらいました」

「人の幸せや、何のために働くのかということを考えさせられました」

私が暮らし、働き、多くの人をご案内しているこの地域の名は、雄勝《おがつ》。

２０１１年3月11日の東日本大震災で壊滅的な打撃を受けた、宮城県石巻市の小さな港町です。

このまちで私は、こどもたちが豊かな自然と地域の人々にふれ、漁業や農業、林業の体験を通して循環する暮らしを学ぶ複合体験施設、「モリウミアス」の運営や、地域を元気にするさまざまな活動に携わっています。

モリウミアスは、築93年の、以前は小学校だった木造の建物を、地元の方々をはじめ首都圏の方々、総勢のべ５０００人の人と一緒にほとんど手作業で改修してつくった施設です。

モリウミアス（ＭＯＲＩＵＭＩＵＳ）という名前には、「森と、海と、明日へ」という意味が込められています。森や海にふれて、明日を創る、未来を創る学びの場所というわけです。「アス」の英文表記が「ＵＳ」となっているように、「私たち」という意味も込められています。この名前は、地元の人たちや全国各地から集まった人たち、さらにははるばる海外から来てくれた人たちも含めて、大勢の人と一緒に考えたものです。みんなで明日を創る。そんな取り組み、活動自体がモリウミアスです。

モリウミアスの裏手には森があり、庭には田んぼがあります。私たちはそこで無農薬で古代米を育てたり、20年前の畑で最近まで雑木林となっていた平地を開墾して作った畑で野菜を育てたり、かつて教員宿舎だった平地と斜面を利用して豚を放牧したりしています。お風呂や暖房の燃料として、山で木を間伐したり、まきを割ったりもします。

モリウミアスからは海が見えます。高台にあるここから眺める雄勝の海は穏やかでとても美しく、見ているだけで明日への希望がわいてくる感じがします。モリウミアスに来たこどもたちは、この海で漁師さんと一緒に、ホタテの水揚げや、ワカメの収穫、牡蠣の稚貝の投入、秋鮭の定置網など、いろんな漁師の仕事を体験します。

そうして得られた食材を、みんなで調理して、いただくのです。

生ごみは堆肥に、生活排水は自然浄化設備できれいにして、田んぼに使います。

このように、モリウミアスでは、人の暮らしと自然とのつながりを実感できます。漁業、農業、林業、ものづくり、などなど。こどもたちが、現代ではなかなか得にくくなった、「生きる」ということにリアルに結びついた学びを得られる場所になっています。

もっとも、私たちが提供しているのは、こどもの学びだけではありません。週末に親子で参加できるプログラムもありますし、ビジネスパーソンや行政に携わる方々の研修としても、大勢の方にこのまちにお越しいただいています。

研修で来られる方々には、主に漁師さんのお手伝いや施設の改修作業をしていただいています。地域の課題を解決するための方法を考えていただいたりもします。漁師さんの仕事は、もちろん体力も使いますが、状況を察して動く瞬発力や想像力、リスクへの感覚、チームワークなども求められます。

「とてもハードだけど、一生ものの大きな学びがある」と、好評です。

こどもも、大人も、何もないところで、いろんなことを学べるのです。

未来をつくる現場

雄勝の建物の8割は、津波に流されました。

もともと4300人いた人口は、震災後、1600人にまで減りました。

地域住民にこどもはほとんどおらず、お年寄りが大半です。

震災前は60店舗あった商店街は、今では数店しか残っていません。

仕事がないので（これは震災前からでしたが）、漁師さん以外の多くの人は、まちの外に働きに出ています。

震災から5年を経ても、まちの風景が昔に戻ることはありません。かつて人が住んでいた場所には今、草原が広がっています。最近は、山からシカが下りてきて、わがもの顔で草を食べていたりします。説明を聞かなければ、そこにかつて住居や商店があったことなど、思いもよらないでしょう。

にもかかわらず、このまちには今、不思議な活気があります。

漁業をふたたび盛り上げようとがんばる漁師たち。

研修やボランティアとしてやってきて駆け回るビジネスパーソンや行政官たち。

これまでにない体験を求めて日本各地、世界各国から訪れるこどもたち。

新しい地域のあり方、まちづくりのヒントを探しにくる人たち。

何も具体的なことは見えていないけれど、社会をよくするような、あるいは自分の将来を切り拓くような、なんらかのアクションを起こしたいと思っている若者たち。彼らは復興のためとか支援したいからという理由ではなく、楽しいから来る、楽しいから集まっているようです。

一度はまちを離れたものの、ふたたび希望をもってここで暮らしはじめた人たち。

多種多様な人々が、すべてを失ったかにも思われた、この小さなまちに集まってきます。そして、ともに学び、語り合い、地域に、あるいはそれぞれの仕事や人生に、なんらかの変化を起こしはじめる。モリウミアスを中心に、雄勝は今、そんな場所になっているのです。ここはただの「被災地」ではなく、「未来をつくる現場」。そして、現代の暮らしでは得がたくなった体験をすることができる「今、目の前のリアル」。私はそう思っています。（でも、地震があったことは事実ですので、２０１２年以降は「被災地」とは言わず「震災地」と呼ぶことにしました。）

「雄勝でなにかすごいことが起きているらしいぞ」

「雄勝って、何県の何市にあるかもわからないけど、聞いたことがある」

「雄勝っていう名前、この前ニューヨークでもだれかが話をしていたのを聞いた」

そんな評判が人から人へと伝わって、今ではまちの人口を大きく上回る、年間何千人もの人々が、このまちを訪れます。林芳正元農水大臣や小泉進次郎農水部会長（元内閣府大臣政務官兼復興大臣政務官）、根本匠元復興大臣、竹下亘元復興大臣、高木毅元復興大臣など国の要人から全国の地方自治体関係者、企業など多くの方々が毎日のように視察にいらっしゃいます。

そして多くの人が、「なぜ、仙台から１００キロメートルも離れた、同じ石巻市の市街地から車で1時間もかかるような場所でこんなことが?」と驚くのです。

またある人は、こんなことを口にします。

「震災地の問題は、実は震災前からあった日本の地域課題なのかもしれない。この地は、課題解決の先進地なのかもしれない」
「震災ですべてが流された、陸の孤島のような場所でもできるのだから、自分のまちでも必ずできるはずだ」

無我夢中の5年間

実をいえば、私もちょっと驚いています。

5年前にここに移り住んだころ、今のような状況が生まれるなどとは、想像することもできませんでした。そもそも私は、震災が起こるまで、雄勝とはとくに何の関係もなかったのです。

仙台で暮らしていた母と妹の無事をたしかめるため、東京から慌ててやってきたのがすべてのはじまりでした。震災地を見て、いてもたってもいられず炊き出しのボランティアを始めて、そこで雄勝の人に出会って……たまたまかかわることになったこのまちで、途方もなく厳しい境遇にありながらも気丈に前を向き、それぞれにできることに全力で取り組む人たちの姿、感謝の気持ちを失わずたくましく生きるこどもたちの姿に心を打たれ、何かに導かれるようにして、ここまでやってきました。

若いころからビジネスへの関心が強く、商社に6年間勤めてから独立し、食品流通の会社を起業。ベンチャー企業の経営者として、大きな売上と利益を上げるため、1日3時間の睡眠と決めて年間365日24時間、休みなく働いていた時期もありました。その10年後に社長をやめさせられるという大きな挫折を経て、ふたたび事業を起こして、さあこれからというところで、震災は起きました。20年間、東京で働いていましたが、震災から4か月後、私は雄勝に住民票を移しました。

移住して、腰をすえて現在の活動を始めたとき、多くの人から「キャリアはどうするの?」とか、「いつまでやるつもり?」と聞かれました。「ビジネスの第一線」から、東北の小さな田舎町へ。私の選択を「理解できない」と言う人も多くいました。「そんなことをしていて大丈夫か。将来が不安にならないのか?」と言われたこともあります。

実際、最初はビジョンや計画のようなものはありませんでした。ただ私は、震災地で見た光景にショックを受け、人々の姿に心を動かされ、とにかく自分にできることをしよう、目の前のことをやりきろうと思い、あれこれ考えることをやめて、もがきながら、ただ必死に動き続けてきたのです。

当然、うまくいかないこともたくさんありました。それでも、いつもだれかに助けられ、どうにか道が開けて、活動は私の想像を超えて大きく広がっていきました。そして私は、東京で働いてきた20年間よりもはるかに大きな充実感と幸福感をもって、働けるようになりました。

震災からの5年間をふりかえるとき、雄勝の変化、そして自分自身の変化に、私はあらためて驚き、人生のふしぎな巡り合わせを思わずにはいられません。

この本では、そんな驚きでいっぱいの田舎町でのできごとを中心に、5年間に私が経験してきたこと、気づいたことを、みなさんにお話ししていきます。

こんな人に読んでほしい

雄勝には実にさまざまな人がやってきます。そしてだれもが、何かしらの学びや気づきを得て帰っていかれるようです。

みなさんが言われる「ここで感じたこと、気づいたこと」は、さまざまです。復興や地域活性化、コミュニティづくりについての気づきを得たと言う人もいれば、教育や育児についてヒントをもらったと言う人もいます。ご自身の生き方や働き方を考える手がかり、あるいは会社の経営や組織の運営、将来の企業のあるべき姿についての学びを得たと言う人もいます。

ですから、この本を読んでほしい人もさまざまです。
東北の震災地の復興に、自分にできる何らかのかたちで貢献したい人。
地域活性化やまちづくり、コミュニティづくりに関心がある人。
どんな分野であれ、社会をよくするために何か行動したいと思っている人。
企業のなかで働きながら、社会に貢献したいと思っている人。
ビジネスを通じて社会課題を解決することに意欲がある人。
自治体や省庁など、行政の現場で働いている人。
会社の利益と社会貢献の両立が社員のやる気を高めると思う経営者や管理職の人。
こどもの「生きる力」を育む教育や人材育成に関心がある人。
日本のため、日本の未来のために何かしたいと思っている人。
すでに社会をよくするために何か行動している人。
会社の中でも外でも生き生きと活動したい人。
社会貢献活動を、社外ではなく、会社内の「本業」としてやりたいと考えている人。
遊ぶように、楽しみながら、やりがいのある仕事をしたい人。
転職を心のどこかで考えている人。
就職活動をしている人。就職について悩んでいる人。

身近なまわりの人を大切にしたいと思っている人。
興味はあるのに社会貢献をちょっと胡散臭いとか偽善だとか思っている人。

……あげればキリがありません。突き詰めていえば、社会のために何かしたいと思っている人、自分の人生を有意義に使いたいと考えている人であればだれでも、私がメッセージを届けたい相手になります。

実際、私はこの5年間、会う人にはだれでも、こう声をかけてきました。

「一度、雄勝に来てみてください」

雄勝に来て、私たちのしていることをご覧いただくのが、私の伝えたいことを伝える、いちばんよい方法だと思っているのです。

なぜ、だれにでも声をかけるのか。それは、目の前のひとりの人が動くこと、そして人と人がつながり合うことから、大きな変化が生まれることを、実際に見てきたからです。

「ひとりの力を信じる」。そして「人のつながりを信じる」。これが私の信条なのです。

だれでもすぐにお誘いするので、本気と思わずに「じゃあ近いうちに行きますよ」などと答えてしまい、私から「では今週末の何時にここで待ち合わせましょう」と連絡がきて驚いた人もたくさんいるはずです。

とはいえ、すべての方にいきなり雄勝までお越しいただくのは難しいですよね。そこで、この本を書くことにしました。

この本は、雄勝というちょっと変わったまちへの、そして願わくは、みなさんひとりひとりにとっての「未来づくりの現場」への招待状なのです。

ひとりの力を信じよう

目次

1

心にしたがって動く

2

あるものを結び、ないものを創る

地域活性化の最先端

4 生きることは、命をいただくこと

人はつながりの中にいる

5

ひとりの生き方が、みんなを動かす

1

心にしたがって動く

考えることをやめて震災地へ

ようこそ、雄勝へ

「おはようございます！」

土曜日の午前９時30分。観光客や復興支援関係者、出張者が列をなしてエスカレーターから降りてきている。ＪＲ仙台駅の東北新幹線中央改札口で待っていると、男女５人の若者たちが元気にあいさつしながら近づいてきました。

この週末、雄勝でボランティアをする若者たちです。

みんな私とは初対面。「よろしくお願いいたします」と深々と頭を下げる彼らに、私も頭を下げました。

パタゴニアの黄緑色や紫色、オレンジ色などカラフルなウィンドブレーカーにスニーカー、ジーンズやカーゴパンツといったラフな格好で、普段からアウトドアや登山にでも行っていそうな60リットルの中型リュックサックを背負っています。みんな普段はスーツを着て、丸の内など東京都心で働いているビジネスパーソンです。その身なりとだれからも親しまれそうな笑顔から、バリバリ仕事もできるに違いありません。でもこの週末は、ふだんとはまったく異なる仕事をしてもらいます。

私の運転する平成12年式・白色のハイエース・ワンボックスカーに乗り込み、いざ出発。「古い車で、狭くてすみません」と言うと、「中古とは思えないほどすごく綺麗です」と返ってきました。

仙台駅から目的地の雄勝までは約１００キロメートル、車でだいたい1時間半かかります。仙台駅から下道を通り、仙台港北インター経由で三陸自動車道に乗ります。どこのどの車線から左右どちらの車線の流れがいいか、手に取るようにわかる慣れた道。東京から仙台まで新幹線で1時間半ですから、乗り継ぎ30分を含め、合わせて3時間半。休日の朝早くからこうして来てもらえるのは、それだけでもうれしいことです。

道中、明るい表情でひとりひとり自己紹介をした若者たちでしたが、のどかな風景がつづく山間の三陸自動車道を走っていると、早起きしたためでしょうか、みんな口数が少なくなり、石巻市に入る手前で少しだけ眠そうな表情に。

やがて震災前からある巨大なイオンモール石巻を左の眼下に眺めながら、河北インターを降りるころには目が冴えてきて、注意深く周囲を眺める人もいます。言うまでもなく、石巻市は東日本大震災で大きな被害を受けたまち。その光景はニュースでもたびたび目にしたはずです。もっとも、震災から5年を経て、石巻漁港には大きな市場も再建されましたし、市街地でわかりやすい「震災の爪痕」を見つけるのは難しくなっています。

私たちの目的地は、石巻市の中心部を通り越して、さらに先の先、奥の奥です。仮設住宅を右手に眺めながら信号を過ぎると視界が開け、左手に見えてくるのが一級河川の北上川。岩手を源流とする川で、河口に近いこのあたりでは川幅も海のように広く、浅瀬にヨシ（葦）が生い茂っています。もともと珍しいヨシの原生林で知られていて、ゴールデンウィークのころにはうっそうと茂り、秋には少し白みがかった黄金色に輝くヨシが川岸に延々と5キロメートルほど続きます。空は広く、川の水面は穏やかで、川面をわたる風にヨシがざわざわと音をたて、サッカー場で起こる人のウェーブのように波打ち、流れる。そんなのどかな風景ですが、震災のときは津波が河口から10キロメートルも押し寄せて、土手を越えて周辺地域に被害をもたらしました。

そのことをまざまざと示す、灰色の建物、というより廃墟が見えてきます。

「これはもともと校舎でした。大川小学校という学校です」

説明すると、「ああ、あの」という表情でうなずく若者たち。

太平洋をのぞむ河口から内陸に4キロメートルのところにある半農半漁の穏やかな集落を津波が襲いました。川からあふれ出た津波に、児童１０８人のうち74人が巻き込まれて亡くなった、大川小学校の悲劇はよく知られています。

奥には遺族用の墓石、手前には視察で来る方々のための石碑があり、左右前後に置かれた献花の中で風車が回っている様子が印象的です。こどもたちの気配がなくなった、生のエネルギーが消えた空気感。折れ曲がったコンクリートの柱がむき出しの、かつての学び舎。

　津波がきたとき、校庭が指定避難場所であったため、先生の指導でこどもたちは校庭に集まり、ずっとそこにい続けました。杉の放置林を分け入り裏山を駆け上って避難する時間はあったのではないか。でも低学年全員を登らせることは難しいと思われたのかもしれない。複雑な判断を迫られたことでしょう。中には「先生、津波がくるから山に逃げよう」と言ったこども、そして同じようなことを言った先生もいたという証言があり、その後の議論を生みました。

　なぜ、柔軟な対応が取れなかったのか。なぜ津波がくるまで40分間同じ場所に全校生徒をとどまり続けさせたのか。先生たちの判断の遅れでこどもたちの命が失われたとして学校側の責任を問う訴訟も起こされており、ご存じの方も多いでしょう。遺族からの訴訟理由は、同じようなことが起きないよう、何が原因だったのかを知りたい、他の地域で同じ過ちが起きないよう原因を突き止めておく必要がある、というものです。

　この場所で起きたできごとについてお話ししながらハンドルを切り、一路、南の女川町方面の山道へ。新緑の遅めの春、青々とした初夏、紅葉の秋、凛とした空気の冬。雄勝の風物詩のひとつでもある山にかかる霧。どの季節にも美しい、リアス式海岸特有の里山が幾重にも続きます。

いろは坂を思わせるくねくねと曲がったアップダウンのある峠を越えると、上り坂のトンネル。トンネルを抜けた先からが雄勝です。まちはリアス式海岸の深い入り江にひっそりと位置し、前方は海、背後と左右は山に張り付くような狭い平野。裏三方を山に囲まれていて、トンネルを通らないとまちに入れないのです。

1キロメートルほどの長いトンネルを抜けると、がらりと景色が変わります。視界が開けて目に入ってくるのは、海に向かっているとは思えない山並み。「硯《すずり》の町へようこそ」という看板を左に見ながら最後の右カーブを過ぎると、広々とした荒れ地が現れます。

「左に見えるあの山、杉の木が途中まで枯れているでしょう。あの木の根本の高さまで津波が来たということです」

突き当たりのT字路を左にゆっくりと曲がると、S字カーブのような道、その先に伸びるほこりっぽい道路。このあたりから潮の香もしてきて海が近いことを感じます。

「震災前は、ここに商店街がありました。雄勝のメインストリートだったんです」

そう言うと、みんな驚きの表情で窓の外に目を向けます。ここに60ものお店が並ぶ商店街があったなんて、まったく信じられないというように。無理もありません。ほんとうに、跡形もなくなっているのですから。

これまで何百人もの人をここにご案内していますが、だれもが同じように驚きます。しかしやがて、自然への畏敬の念、驚きだけでなく、別の表情がみんなの顔に浮かんできます。厳粛な、きりりとした面持ち。これからここで、自分に何ができるのかを問い、自分ができるかぎりのことをしようと決意したような、そんな表情。

私自身、この長いトンネルを通って雄勝に入るたび、意識が切り替わります。戻ってきたという意識になり、穏やかでゆったりとした心持ちと同時に、さあやるぞ、という気持ちになります。

このまちに来ると、心のスイッチが入るのです。

この場所でのルール

海を右手に見ながら雄勝湾沿いを進み、県道から1本脇道に入ったカーブ続きの山間の道を上っていくと、「雄勝アカデミー」と書かれた、こどもたちが作った木の立て看板が右手に見えてきます。矢印が指し示すのは、道路脇から伸びている細い下り坂の道。

かなり急な下り坂を、「く」の字型に切り返して下りていきます。あまりに傾斜が急なので、はじめて来る人には「ここを下りるんですか？」とびっくりされることも。

ハラハラしながら下っていくと、突然、視界が開け、眼下に海が広がります。8台ほど停められる砂利の駐車スペースで停車です。深い入り江になっている雄勝の海は、湖のようにいつもおだやか。対岸の稜線も見えます。この景色を見ると、心配そうな顔をしていた人も一転、「いい場所ですね」。みなさんホッとするようです。

「雄勝アカデミー」は、週末のボランティアや平日の企業研修でやってくる人たちの滞在場所です。来た人たちは、まずここに荷物を置いてから、複合体験施設モリウミアスで施設整備の作業をしたり、漁師さんのお手伝いをしたりしに行きます。

アカデミー、といっても、なんのことはない、築35年のただの古民家です。もともとおばあさんがひとりで住んでいたのですが、震災後に空き家になっていたため、譲り受けました。この家のあるところまでは津波は来なかったので建物自体は無事でしたが、あちこちガタがきていて、当初はずいぶん荒れた状態でした。大雨で土砂が基礎から流出し、サッシが閉まらないほどに家も傾いていました。今はとてもきれいです。

ガラガラと引き戸を開けて中へ。お寺の境内か神社の鳥居をくぐった時に感じる禅のような空気感が漂っています。チリひとつない玄関と廊下に目をやりながら、私は、ここで数日を過ごす人たちに向かって、決まりごととして、こう言います。

「雄勝アカデミーは、『来たときよりも美しく』をモットーにしています。掃除用具はここにあります。あとは自分で考えて行動してください」

それだけ。あれこれ指示したりお願いしたりはしません。ここでは「自主自律（自立）」ということを大切にしたいからです。

私やスタッフたち自身が、ごみが落ちていれば拾う、机が斜めになっていたら直す、窓が汚れていたら拭く、というように、「来たときよりも美しく」を率先してやっています。そうすると、多くの人が、同じようにしてくれます。

家の中は、玄関を入ると右にお茶の間、左に8畳の和室が二つ、その先に洋室が一つ、その奥にまた和室が二つ、そしてトイレと台所。平屋ですが、東京都内の2階建ての一軒家以上の広さがあります。布団を敷き詰めて並べれば、30人が泊まることができます。廊下・駐車スペースを含めると過去最大50人ほどが宿泊したこともあります。モリウミアスがオープンする前は、こどもたちの体験学習の拠点としても活用していました。

雄勝アカデミーでの1日

荷物を置いて、さっそく作業へ。

やることはいろいろですが、特別なプログラムを用意することは少なく、漁師さんのお手伝いをする場合は、ふだん漁師さんがしている作業を一緒にしてもらいます。漁師さんから「この作業を手伝ってほしい」と依頼を受けて、それをするのです。

たとえば、養殖するホタテの稚貝に穴を空けて、針金を通して、海中に沈めるためのロープにつなぐ作業。1本のロープに140個から160個の稚貝をつけます。前の年に使ったロープからピンを抜く、といった地味な作業もあります。雄勝が天然の産卵場ともなっているホヤ（保夜）の養殖も盛んで、ホヤのロープをパームヤシで編んだりもしてもらいます。

実にシンプルで、地味な作業をこつこつと続けます。

漁師さんというと、船に乗っている姿を思い浮かべがちですが、海に出る以外の時間は陸にいて、作業小屋でそのような地道な作業をしているのです。イメージと違うと思われる人もいるでしょう。とくに養殖は、獲るのではなく育てる仕事ですから、8割は浜での作業です。（誤解のないように言っておきますと、養殖といっても、餌を与えているわけではありません。ミネラルをたっぷり含んだ雄勝湾の水で育った良質なプランクトンを食べて牡蠣やホタテ、ホヤは育ちます。よりプランクトンが食べられるポイントにつるしておくことで、天然以上においしい味になる。その育て方を養殖と呼んでいます。）

「それで研修になるの？」と思われるかもしれませんが、多くの参加者にとっては、これ

ホタテの水揚げ作業。

までしたことのない作業ばかりです。日頃の仕事とは異なる頭や体の使い方をすることになります。

希望者だけですが、海に出て漁師さんの手伝いをするときは、大変です。

なにしろ、海に出るのは午前2時とか3時とか、まだ真っ暗な夜中。その時間に起きるだけでもつらいですが、雄勝アカデミーにはいつも多くの人が滞在していますから、静かに準備をして出かけなければいけません。参加者の方にはこう言います。

「午前2時に、前に停めてある白いワンボックスカーで、静かにエンジンをかけて出発します。眠っている人もいますので、電気はつけずに、静かに集まって車に乗り込んでください」

みんな必死に起き出してきますが、なかには起きられない人も。そんなときは、そのまま出発します。せっかく来てくれたのに、もったいないですが、仕方ありません。

ここでは「自律」が当たり前。みずから考え、自己を律して行動できる人、何か意味を感じることができた人が、普段では得られない貴重な学びをより多く得ることができるのです。

改修作業や漁師さんの手伝いをして、みんなで夕食をした後、多くの人はお酒も入り、すでに午後10時。そんなときに、「明朝3時に出港しますので、希望者はさきほど伝えた通り、時間厳守で乗車してください」と伝えると、「これから？　何時間後だ？」という声もよく聞かれます。凛とした空気の中、満天の星空を見ながら、予定どおり午前2時に出発。5分ほどで港に着き、上下青色のゴム合羽に長靴を履き、タバコの煙が立ち込める作業小屋でお茶や缶コーヒーでいっぷくした後、出港です。とくに指示されることもなく、ただ黙々と目の前のホタテについたイソギンチャクやフジツボ、ムール貝をナタで取り続けます。

日頃あまり身体を動かしていない人には過酷な仕事です。「実は、長靴に穴が開いていたようで、海水が入ってきて途中から足の感覚がなくなっていました」と作業終了後に帰港してから聞かされたこともあります。

「これまで受けたなかで、いちばん過酷な研修だった」と言う人もいます。「でも、それだけたくさんのことを学べた」とか、「逆に元気をもらった」ともいわれます。参加者たちは、疲れの中にもさわやかな、達成感のようなものを感じるようです。

自然にふれて、体を動かし、みずから考えて行動するということが、人の心を活気づけるのでしょう。自然体で、溜め込まず、言いたいことは言う。ストレスフリーで生活する。見て、感じて、行動する。心の瞬発力で行動する。そんな普段やったことのない動きを漁師さんから学び、心のスイッチが入るようでもあります。

一日働いたら、待ちに待った夕食。

食事は私がとくに大切にしているポイントです。ここに来てくれた人には、牡蠣、ホタテ、ホヤ、カレイにヒラメ、ハマチに銀鮭、ウニにアワビ、タラに秋鮭、ワカメにメカブなどなど、雄勝でとれる旬の海の幸をふんだんに使ったおいしい食事を堪能していただきます。

ふすまを取り外し、田舎のおばあちゃんの家の茶の間にあるような大きなテーブルを4脚縦に並べて、宴の準備が始まります。料理を運ぶ人、お酒を出す人、皿と箸を並べる人、とくに指示されるでもなく各自がチームのように動き出します。端にいる人の顔が小さく見えるほどに長い、4脚つなげたテーブルをぐるりと囲み、天板が見えなくなるほどに料理の数々が並べられます。うまく並べないと数品乗り切れなくなる、テトリスのような状態を超え、見事に料理が並びきります。

古民家のなかで歓声があがります。お刺身盛り合わせ、焼き物、てんぷら、揚げ物、煮物、炒め物、蒸し物、季節の鍋、サラダ、おばんざい系お惣菜、その他副菜多数、もちろんおいしい石巻のお米を炊いたごはんとお味噌汁も。みなさんスマートフォンで写真を撮り、SNSで発信です。「こんなにたくさんの料理を見たの、はじめて!」「雄勝の海の幸、最高!」など。

料理はインパクト。その日の印象に残るひと品、軸となる食材をどれにするかが勝負です。料理に多くの期待をしていなかった参加者から拍手がわき起こります。遠近法を無視したように並べられた料理の品数は「雄勝アカデミー」を「食」で印象付ける、また必ず来たいと思ってもらう、大切なコンテンツなのです。

もちろん、海の幸を楽しみながら、お酒も飲みます。ビールにはじまり、すぐに日本酒。石巻の地酒、純米酒の日高見《ひたかみ》は地の魚介にすっきりと辛口、ワイングラスに入れて飲むとワインのように漂う純米の香りも楽しめ、それでいてでしゃばりすぎず、料理を邪魔しない、そんなおいしい日本酒です。

雄勝アカデミーでの食事。海の幸がテーブルに所狭しと並びます。

ときには漁師さんなど地元の人たちも加わって、ワイワイとあちらこちらでテーブル越しに車座になり、みんなで夜更けまで語り合います。まじめな話からバカな話まで、語り合うなかで、はじめて出会った人同士のあいだにも、まるで家族のような親しみが生まれてきます。もちろん日中もいいですが、夜も楽しい、腹の底から何度も笑い転げる思い出に残る夜となります。

傍らでは、自分がいまやっている仕事の話や、将来こんなことをしたい、こんな制度を作りたい、と熱く語る若者たちもいます。テレビももちろんありませんので、ひとりひとりの話それ自体がエンターテイメントでもあります。

ひとりの参加者が、私のそばに来て、話し

はじめました。今どんな仕事をしているか。その会社で働くことを選んだ理由。仕事について思っていること。転職してチャレンジしてみたいことがあること。でも今の仕事と職場の仲間も捨てがたいこと……。

しばらくそんな話をしたあとで、彼は言いました。

「立花さんは、そもそもどうして、ここで活動を始めたんですか」

これまで何百回もしてきた話を、私はくりかえします。

「正直に言います。ただ、見てしまったから……」と。

母と妹を探しに避難所へ

２０１１年3月11日、午後2時46分。東日本大震災が発生したそのとき、私は東京都内で地下鉄に乗っていました。

急に大きく揺れて、電車が緊急停止。しばらく揺れつづけて、車内がざわめきました。

ＳＮＳを見ると、震源が東北、宮城県沖だという情報が流れていました。

私の実家は、宮城県仙台市にあります。幼いころに宮城県沖地震を経験していたこともあり、いずれまた近い時期に東北で大きな地震が予測されていることは、知っていました。

いよいよ来たな、と思うと同時に、ぞっとしました。東京でこれだけ揺れたのだから、現地ではどれほど強い地震だっただろう。宮城県沖地震のとき、小学校3年生だった私は弟妹と2段ベッドの中で寄り添い、すべての家財道具が倒れ落ち、縦揺れの中、冷蔵庫が玄関まで歩いていくのを震えながら見ていた、その光景がフラッシュバックしました。

仙台にいる母と妹に連絡をとろうとしましたが、もちろん電話はつながりません。インターネットで必死に情報を求めました。どうやら津波が来ているらしい。

やがて、実家のある高砂という地域の近くにまで津波が来たという情報を目にしました。海岸から3キロ以上ある場所です。すぐには信じられない話でした。夜にはさらに、私の祖父母のお墓がある荒浜という地区に300〜400体のご遺体が打ち上げられているようだ、という報道を聞きました。依然として母と妹には連絡がとれません。

すぐに行かなければ。

一刻も早く仙台に行こうと思いました。しかし、東京都内も大混乱で、まちは帰宅困難者であふれています。ひどい渋滞で車も進みません。不安でいっぱいの一夜を過ごし、翌日出発しました。

東北自動車道は止まっていたので、山形を経由し、震災の翌々日、3月13日になんとか宮城へ。

そのとき、妹から無事を知らせるメールが届きました。

「ふたりともだいじょうぶ。高砂老人福祉センターにいます」

ほっと胸をなでおろしましたが、避難所に近づくにつれて目に入ってくる光景に、それまで経験したことのない絶望的な気持ちに襲われました。

仙台市の東端を流れる七北田川の真ん中に、どこからきたのか、2階建ての家がそのままの形で流されていました。沿岸部はあたり一面、真っ黒な泥で覆われています。私の知っていた風景は、跡形もなく消えていました。すでに夕方で、停電のため真っ暗な中、車の窓を開けると強烈な海のにおい。幼いころ、浜で潮干狩りをしたときに感じたにおいが漂ってきます。

母と妹が避難していた老人福祉センターは、いわゆる公式の避難所ではありませんでしたが、避難所からあふれた人たちが大勢そこに集まっていました。

センターのなかは玄関まで一面、布団などが敷かれ、人で埋め尽くされていました。3月の東北はまだ寒く、幸い若干の暖房はありましたが、みんな毛布にくるまっています。翌日に知ることになるのですが、そこはかなりよい状況で、なかには床が水浸しだった避難所もありました。

母と妹は、玄関の隅っこに横になっていました。私に気づいたときのふたりの表情が忘

震災直後に目にした光景（宮城県女川町）。

れられません。おかしなたとえですが、行き場をなくした迷い犬が保健所の檻の中で飼い主に見つけてもらったような顔でした。

巨大な津波は、実家のわずか500メートル手前まで来ていました。ふたりが住んでいたマンションは中層階がつぶれて、エレベーターも止まり、水回りはすべて崩壊、水道・ガス・電気はすべて不通。地盤沈下により、躯体の基礎もだめになっていました（ほどなくして大規模半壊の認定を受けました）。

家から三つめの信号機のところには、車がいくつも積み重なっていました。海から4キロメートルほどある場所です。そこまで津波が車を押し流してきたのか。

にわかには信じがたい惨状が広がっていました。

被害の状況をもっと知らなければと、いくつかの避難所を回りました。夕方、海に近い土手を歩いたときの恐怖感は忘れられません。真っ暗ななか、ここには昼間に見た家や車だけでなく、いろいろなもの、多くの人が流されているんだ、と意識しました。雪が降るなか、磯の香のする泥の上を、ひたすら歩いた夜の光景は一生忘れられないでしょう。なぜこんなことが起きるんだ。ここはいったいどこなんだ。夢なら覚めてほしい。夢でないならば……現実として受け止めるには許容値を超えている。信じられない現実が、ふるさとを覆い尽くしていました。

食糧ではなく、食事を

母と妹を連れて東京に戻ったものの、福島第一原子力発電所の事故で放射能汚染が懸念されており、首都圏も騒然としていました。

「東京も危ないのでは」

福島第一原発の2機目の爆発が報じられた3月14日、避難所に来ていたフランスのチーム全員がフランス政府の命令で国外撤退を始めたと聞き、母妹ふたりを友人のいる京都に向かわせることにしました。

ふたりが京都に向かってからすぐに、私はふたたび仙台に向かいました。なぜか。一言でいえば、「見てしまったから」。混乱する避難所を、水も食糧も届いていない惨状を、避難所ですし詰め以上の状態になっている多くの人々を、壊滅したまちの風景を、見てしまったからです。

何ができるかわからないものの、何かしなければ、何かしたいという衝動に襲われていました。戦争に行ったことはありませんが、戦場で自分ひとりだけ逃げ帰ってくるようなことはできない。でも、わざわざまた戦場に戻る必要があるのか。戦場の兵士の心境はどんなものだったのだろう。そんな妄想や思いが重なっていました。

家族には、「安全は確保するから」と約束し、ひとりで出発。妻の実家も東北で、岩手県下閉伊郡の普代村にあります。普代村は防潮水門が効果を発揮して大きな被害は出ていませんでしたが、現地がどのような状況か、私がどんな思いでいるか、妻はわかってくれていました。当時、小学校1年だった息子も不安そうでしたが、父親が何かしなければならないことをしに行くのだということは、わかってくれていたと思います。

東北各地にいる親族の安否も徐々に伝わってきました。女川や出島、石巻のおばさんたちの家は津波で全壊。震災時、東松島にいた親戚が亡くなったことを知ったのもこのころです。車に乗ったまま津波に流されたということでした。彼は突然いなくなり、自分は生きている。彼の無念を思い、やれることを精一杯やらなければならないと自分に言い聞かせました。

　登山用の大きなリュックサックに詰め込めるだけの物資を詰め、登山に向かういで立ちで、車のフロントガラスには「災害緊急車両」とマジックで書いた模造紙を貼り、所々に亀裂や路面のうねりのある東北自動車道を北上。車を7時間運転して、14日のうちに仙台に戻りました。

　実をいえば、私はこのときまで災害地での支援活動はおろか、ボランティアさえしたことがありませんでした。むしろ、大学を出て商社に勤めたときからビジネス一筋でやってきたため、ボランティアや慈善事業、とくにＮＰＯという言葉には抵抗感があったほどです。どうやって生計をたてているんだろう。きっと行政の補助金や助成金でご飯を食べ、生活をしているのだろう。そのように冷ややかに見る目が自分の心の中にはありました。

　震災地に戻っても何から手をつけたらよいかわかりませんでしたが、悩んでいる場合ではありません。沿岸部のいたるところには避難所が点在し、その先々で懸命に活動する支援団体の方々に出会いました。とにかく物資が不足しており、食べるものもまったく足りないということです。

「なんとか食材を集めて、炊き出しをしましょう」

仙台市内の飲食店の方々とも協力し合って、炊き出しを始めました。

有志それぞれが集められるだけの食品を集め、避難所の非常食も探し出し、避難所になっていた校舎の家庭科室で調理。そんなふうに始まった活動でしたが、1回で何百人分もの食事をつくるのです。自分のお金で食材を調達するにも限界がありますし、人手も足りません。ここで、それまで私が食品流通の仕事をしてきたことが役に立ちました。

「食材を分けてくださいませんか。料理をするスタッフの方も来ていただけると助かるのですが」

お付き合いのあった食品メーカーや外食企業の社長さんたちに連絡をとって、水や食料の提供をお願いしてみると、そういうことなら、といくつもの会社が協力を快諾してくれたのです。

商社勤務時代に出向もしたファミリーマートのベンダーさんが宮城県内にあった弁当工場を稼働させ、そこでお弁当を作ってもらうことができ、避難所に届けたりもしました。4000~5000個ものお弁当を一気に作れる衛生管理のされた製造ラインがあるのはほんとうに便利で、非常時におけるコンビニのベンダー、そして食関連の企業の力はすごいなと感じたものです。

また私は、京都に避難していた妹を、仙台に呼び戻しました。というのも、妹も母も、もともと料理の仕事をしていたため、炊き出しをするうえで大きな力になるからです。

災害時の緊急段階では、おにぎりやパンが届けられることが多くなりがちですが、それでは栄養が足りませんし、温かいものを食べなければ元気も出てきません。「こんな時だから仕方がない」と思われるかもしれませんが、「こんな時だからこそ」、おいしく、温かく、少しでも元気の出るものを食べさせてあげたい。

食糧ではなく、食事を届けたい。

だから私たちは、炊き出しでおいしく温かな食事をふるまうことにこだわりました。

炊き出しといえば豚汁やカレーライスなどが多くなりますが、それだけでは飽きてしまいます。大規模半壊の実家のキッチンで、やがて「炊き出し番長」と呼ばれることになった妹は、料理人の腕を活かしてさまざまなおかずを作りました。鮭のつみれ汁、手作りコロッケ、ハンバーグ、大根の煮物……プロの手による料理は避難所の方々にとても喜ばれ、苦しい状況のなか「おいしいね」と笑顔を見せる人もたくさんいました。

結局それから半年間で、開始時はまったく想像もしていなかった、10万食もの炊き出しをすることになりました。

毎日、避難所から避難所へ、私と仲間たちは食事を届けて回りました。

そのころの震災地ではあらゆる情報が錯綜していました。どこに避難所があり、どのく

食糧ではなく食事を。

らいの人が避難しているのかも、よくわかりません。外からは避難所には見えない普通の民家に、数十人がすし詰めで寝起きしていた例もありました。

あとで聞いたことですが、津波の危険地域に指定されたところには行政の人は行ってはいけないというルールがあったそうです（だから支援も行き届いていませんでした）。

あるところには物資も食糧もあるが、ないところにはまったくない。近くまで届いていても、ラストワンマイルで届いていない、仕分けもされていない、という状況でした。

情報がなく混沌とした状況のなか、とにかく車で行ける限りあちこちに行ってみる、そして情報を集積するしかありませんでした。

こどもたちにケーキを

こんなふうにして成り行きで支援活動を始めた私は、現地の状況をツイッターやブログでこまめに報告し、徐々に仲間を募っていきました。震災のすさまじい被害状況が明らかになるにつれ、「自分も何かしなければ」と思う人も増えているようでした。

物流が滞っていて、震災地では絶対的に物資が不足していました。私は食料を調達するため、車で頻繁に東京と仙台を行き来しました。トランクにも座席にも物資をいっぱいに詰め込んで、文字通り物資の山に埋まりながら運転したこともあります。

「手伝ってくれる人は、ぜひ来てください。私が東京から宮城に戻る際、一緒に車に乗っていきましょう」

そんな呼びかけを始めたころに阿吽の呼吸で応えてくれたのは、鍛錬家・山本圭一さんでした。

山本さんは、元自衛隊員で、ベンチャー企業の経営者などに対してパーソナルトレーナーをしていました。自身で本を出版したり、雑誌のコラムを書いたり、テレビに出たり、マルチに活動する、今で言う武井壮さんのような存在でした。知人から紹介されて意気投合し、仕事の合間にランニングの仕方やストレッチの仕方などを教わったり、一緒に山登りをしたりしていました。コレド日本橋の地下のカフェではじめて会ったとき、「身体を鍛えることは、心を鍛えることです」と真面目に言われたのをよく覚えています。「心を鍛える」ことにも通じるのでしょう、トレーニング用のマシンではなく、自然のなかで身体を鍛えることを山本さんは大切にしていました。

山のなかで自由自在に動ける、野生児のようなどこでも生存できる生きる力を持った山本さんが一緒に来てくれて、とても心強く思いました。年齢は私より10歳下ですが、10歳上に感じるほど頼もしい存在です。炊き出しを一緒にやって、以後のさまざまな活動も一緒にやるようになりました。当初は仙台の実家に寝泊まりしていましたから、いつしか家族のような存在になっていきました。

3月下旬には、登山仲間だった油井元太郎さんが、魅力的な提案をもって活動に加わってくれました。

「避難所のこどもたちに、バースデーケーキを届けたい」

油井さんは、知人経由で出会ったパティシエの塩谷茂樹さんへ話をし、「避難所のこどもたちには今日が誕生日の子もいるでしょう。ケーキだけでも食べさせてあげたい」と言ったそうです。

油井さんは、こどもたちがいろいろな仕事を疑似体験できる、大人気の職業体験型テーマパーク「キッザニア東京」の創業メンバーです。震災直後の食べるものもない時期に、バースデーケーキを届けたいという話には、こどもたちへの彼らしい愛情を感じました。食べ物自体が不足している状況ではありましたが、だからこそ、ぜひやるべきだと私は思いました。

「ケーキなら、お腹の足しになるだけでなく、心も満たすことができそうだよね」

日持ちするバースデーケーキがいいので、生クリームを使っていないロールケーキやブラウニーを作っていただきました。パティシエの塩谷さんが夜を徹してつくってくれたケーキは、なんと700個。包装こそ簡易なものですが、中身はお店で売っているのと同じ、おいしいケーキです。

第1弾として3月26日、車にケーキを満載して震災地へ向かいました。東北自動車道や下道は依然として真っ暗でしたが、こどもたちの明るい笑顔を思い浮かべるとわくわくしてきます。

女川の避難所でケーキを配ると、「まさかケーキが!」といううれしさと驚きの表情をしたこどもたちが集まってきました。思いがけない贈り物にこどもたちだけでなくおとなも喜びました。一口かじって「おいしい」と少しはにかんだ笑顔を見せます。なかには親やきょうだい、友達を亡くしたこどももいるに違いありません。少しでも、ほんの一瞬で

避難所で見せてくれた笑顔。

も、彼らの心が明るくなればいい。そう思わずにはいられませんでした。

このケーキのプレゼントは、1回切りではなく、大きく広がることになりました。ケーキを配っている様子を、たまたま居合わせた新聞社の方が取り上げてくださり、それが話題になったのです。

私たち自身でも写真や映像をブログやユーチューブなどで紹介したら、多くの人から支援の申し出をいただきました。

それから半年間で2万個のケーキを届けることになりました。作ってくれたのは、東京・大阪のパティシエの方々。どんなところにも、目立たなくても、心ある人はいるのだと思います。震災直後、仙台の居酒屋の人たちが「これが自分にできることだから」と店を開けていたこと、「これしかないが」と言ってラーメンのスープを炊き出ししていたラーメン店の方々を思い出しました。

バースデーケーキを届けた際、避難所で「もうすぐこどもの誕生日なのに何もできない」という親御さんの話を聞いて、サプライズでお届けすることにしたのです。大喜びされて、サプライズのお誕生日会が行われたのち、ご両親とお子さんからほんとうにうれしそうな声で電話をいただきました。

私たちが当時「スイーツ・プロジェクト」と呼んだこのケーキを配る取り組みが、現在の活動の母体となっている、sweet treat 311（スイート・トリート・サンイチイチ）のはじまりです。この名称は「やさしい（sweet）」「心のケア（treat）」を意味しており、震災を機にした活動だから、「311」を付けました。きわめて厳しい状況におかれたこどもたちに、やさしい思いやりのこもったケアを――。その活動はやがて学習・教育支援へと広がっていくことになります。

経験もなく、計画もなく支援活動を始めて、1か月近くが経ちました。足しげく東京と仙台を往復するなかで、ともに活動する仲間が現れ、支援してくれる人たちも出てきました。炊き出しも、ケーキの提供も、いつまでも自腹では続けられません。以後、sweet treat 311の名前で寄付金を集めて、活動を続けていくことにしました。

そんな矢先、私の人生の針路を大きく変える出会いが訪れました。

雄勝との出会い

4月中旬、知人から「会ってほしい人がいる」と紹介されたのが、雄勝中学校の当時の校長、佐藤淳一先生です。ウィンドブレーカーにジーンズ姿、無精ひげをのばし、憔悴しきった表情。それでいて瞳の奥に、心に宿る熱いものを感じたのを今でも昨日のことのように覚えています。

仙台駅直結のホテルメトロポリタンのなかにあるカフェで会った佐藤先生は、あいさつするなり、こう言いました。「こどもたちに、ひもじい思いはさせたくない。立花さん、なんとか学校給食を届けてくれませんか」

私たちが行っていた大規模な炊き出し部隊のことを、佐藤先生はたまたま他の方から聞いていて、「この人に頼めばなんとかなるのではと思った」と言います。

震災から1か月、その時点で学校給食はいちおう再開されていたものの、宮城県内沿岸部の給食センターが稼働できない状況であったため、出されるのは菓子パン1個と牛乳パックひとつだけという状態でした。避難所に帰っても満足な食事ができない状況で、育ち盛りの中学生のこどもに栄養が足りません。とくに雄勝中の生徒は、ひとりを除いて全員が家を流され、避難所生活。身ひとつで逃げて奇跡的に助かったこどもたちです。

震災直後も、雄勝は三方を山に囲まれた地形で、道路も寸断されていたため「陸の孤島」のような状況にあり、情報も物資も行き届いていなかったとのこと。

佐藤先生含め先生方は震災直後、こどもの安否確認のため山や避難先を探し回り、捜索8日目の3月19日に生徒全員の安否確認が取れたそうです。翌20日はのちに「雄勝中再生の日」とされ、今でも仮設の校長室にその時の写真が飾られています。山を越えて隣が大川小学校という立地、町内の8割の建物が流失した町で、中学生の生徒全員が助かったのは奇跡です。

雄勝中学校は校舎が全壊し、内陸に20キロほど離れた石巻北高校飯野川校の校舎の4階部分を間借りして授業が再開されました。震災から5年経った今でもなお、生徒たちは同じ場所で授業を受けています。校庭の外に作られた仮設住宅で多くのこどもたちが暮らしています。生徒たちはみな生き延びたものの、なかには親を亡くした子もいるといいます。「家も思い出も、何もかもすべてを失ったこどもたちに、ひもじい思いだけはさせたくない」。そう語る佐藤先生の祈るような姿勢から、それまでに何人もの人に同じお願いをしてきたことがわかりました。佐藤先生は、給食だけでなく、間借りの校舎も、運動着も制服も、普段の服も靴も、そして勉強道具から部活の道具まで、自分のことなど顧みる間もなく、ただひたすら、こどもたちのために、お願いをして回っているのでした。

この人は、やれることは全部やる、こどものためなら何でもやりきる、そう覚悟を決めているんだ、と思いました。

考えるよりも前に出た言葉。「わかりました。学校給食を届けます」

温かい食事をつくって、届けよう。すぐに妹に電話をして相談すると、料理の仕事をしている妹は即座に引き受けてくれました。とはいえ、まともな調理場はありません。大規模半壊の実家でやるしかない。小中生徒85人と先生、合計100食分の給食。相当な量です。

翌日、朝5時からつくって2時間もせずに100食分が作られました。テーブルいっぱいに広がるできたての料理。それを片道2時間半かけて届けました。思い返すと、あの状況で100人分の給食づくりを続けることを即座に引き受けた妹には、自分の妹ながら、頭が下がります。そして妹はそれを2週間、やり切りました。私が考える間もなく「わかりました」と答えたのと同じように、妹もまた瞬発的に、やるべきだ、やるしかないと理解したのでしょう。佐藤先生の心からの訴えが、私たち兄妹を動かしたのでした。食材さえあればどんな環境でもやれるという確信があるのか、数量は妹にとっては問題でないようでした。しかし、もちろん、妹にも他の炊き出しを手伝ってもらっていましたし、本業があるなか、いつまでも続けることはできません。給食づくりを続けているとたまたまお会いした、仙台青年会議所（仙台ＪＣ）の当時の齋藤孝志会長や事務局の方々が「すごいことをやっていますね。それは本来、近隣の市であり民間の自分たちがやるべきことだ」と２週間後から引き継いでくれました。

それが雄勝との出会いでした。佐藤校長先生に出会わなければ、雄勝に行くこともなかったかもしれません。そして、きわめて過酷な状況のなかでも、学校給食を届けるといつも笑顔を見せてくれたこどもたちと先生たち、彼ら彼女らの姿を見るたびに私は、このまちに引き寄せられてきたような気がします。

４月下旬にようやく開かれた雄勝中学校の入学式。仮住まいの校舎で中学生としての一歩を踏み出した新入生代表のあいさつの手書きの原稿を、出会った日に佐藤先生が見せてくれました。「新入生代表の誓い」と題された一文。「誓い」には二重線がされ、先生の文字で「あいさつ」と書かれています。

「お母さんが亡くなったのを知ったときは、悲しみと不安で涙が止まらなかった。しかし、お母さんが望んでいるのは、涙に暮れて泣いて生きるのではなく、家族や仲間とともに、たくましく生きていくことだと思ったとき、自分はこの中学校生活の3年間を、本気で一生懸命にがんばらなければならないと思った。お母さんは自分の心の中でいつまでも生き続けて、自分を励まし支えてくれる」

おしまいまで読む前に涙がボロボロとあふれ流れ、文字が見えなくなりました。心臓をわしづかみにされる思いでした。

私の家は本家が石巻市小船越（親戚一同は本家のことを「飯野川」と呼んでいました）、本家のお墓は追波川、延命寺。私が育った家は仙台にあり、親戚も石巻や女川に多くいたものの、それまで雄勝にはほとんどなじみがありませんでした。牡鹿半島の先にある出島《いずしま》に叔母がいて、女川にも親戚がいたため、女川の北にある雄勝を通りがかることはありましたが、とくに関わりがあったわけではありません。

ただ、幼いころに見た雄勝湾内に接した出島の海の美しさだけは、記憶に残っていました。海水の透明度がとても高く、海面から見ると10メートルぐらい下の海底がきれいに見えるのです。

ホヤ、といってもご存じないかもしれませんが、貝でもナマコでもない海産動物で、お刺身や酢の物にして食べたりします。雄勝ではホヤの養殖が行われていて、海中に垂らしたロープにたくさんのホヤがくっついている、それが海面から海底まできれいに赤い花が満開のように見えるのです。澄み切った水中にまるでホヤの朱色のビルディングがそびえ立っているようなその光景に見入ったのを覚えています。

遠い記憶のなかにあった美しい雄勝が今、過酷な状況と闘うこどもたちや先生たちの姿とともに、私の心をとらえはじめていました。

何かよくわからない、自分のDNAに刻まれた記憶か先祖が私を呼び戻したのかもしれない。そのようにも思っています。

内側からわき上がるエネルギー

震災発生から1か月半ほどたつと、寸断されていた道路も徐々に通れるようになり、4月末には東北新幹線が全線で運転を再開、中心街では徐々にではあるもののがれきの撤去も進み、仮設住宅への入居も始まるなど、震災直後の「緊急支援」から「復興支援」のフェーズに移行したといわれていました。

一方で、地域間の差は大きく、とくに牡鹿半島などの沿岸部は、もともと孤立していた集落が多いうえ、半壊状態の道路や建物で危険な状態のため、支援の手が行き届いていませんでした。自衛隊は入っていましたが、民間ボランティアは少なく、炊き出しなども不足しています。宮城県がそのころ行った調査では、1日2食の避難所があることが確認されました。栄養面でも、震災地における食事の目安に対して3分の2、とくにビタミン類が不足しているとのことです。

私は山本さんらとともにこの地域一帯を重点的に支援することに決め、あちこちの避難所を回っては炊き出しなどの支援を続けました。

震源地からいちばん近いということもあって被害が甚大なうえに支援が不足している地域でしたが、一方で、もともと地域の人々のつながりが強く、みんなで支え合ってこの状況を乗り越えていこうという結束力を強く感じる地域でもありました。まったく不安定な、先の見えない状況でありながらも人々は、それぞれの生活をふたたび築き直そうと歩きはじめていました。

雄勝では震災の翌日に漁師が重機を自分で運転して1本の道をつくった、湧き水で五右衛門風呂を作って入った、などたくましい話を数多く聞きました。

こどもたちのことが気になっていました。給食を届けるなかで、生徒たちともよく言葉を交わすようになっていました。お母さんを亡くし、親戚を亡くし、家も故郷も、学校も流されて、避難所生活をしているこどもたち。その胸中をすべて理解することなど、到底できることではありません。「夜中に目が覚めて、震災の日から起こったことがぜんぶ夢だったらいいのにという気持ちになる。今が夢なのか現実なのか考えると眠れなくなる」。そんな話を聞いて、胸が締め付けられることもありました。彼らのために、自分にいったい何ができるだろう。

学校給食を提供したことは有意義だったとはいえ、給食だけでまともな学校環境になったと言うことはできません。

たとえば、雄勝中学校は仮設校舎で授業をしていましたが、まともなグラウンドもない状態。部活動をする場所に困っていました。

4月末のことです。「中総体が間近に迫っているのに、練習ができない」。そんな声をテニス部のこどもたちから聞きました。部活動はこの年頃のこどもたちの生活においてひとつの核にもなるものです。中総体（全国中学校体育大会）はそのビッグイベントで、とくに3年生にとっては、それまで2年間がんばってきた成果を見せる集大成のような場になります。

なんとか練習の場を確保してあげたい。先生たちと相談して、こどもたちと一緒にテニスコート作りが始まりました。雑草が生い茂った荒れ地を草むしりし（途方もない作業を見かねた工事の方がパワーショベルで表面を削ってくださいました）、砂を十何トンか買ってトラックで運び、みんなでまいて、コンクリートのローラーで踏み固めます。トンボで整

グラウンド整備を終えて生徒たちと。右端が著者、左端は山本圭一さん。

地し、ラインを引き、テニスコートができあがりました。
「できた！」「これでちゃんと練習できる！」自分たちの手で作った、真新しいテニスコートをうれしそうに眺める生徒たちの笑顔が忘れられません。「これからがスタートだ」という先生の掛け声で撮った1枚の写真。早春の風がこどもたち、そして自分の髪をなびかせているこの写真は、大切な1枚となりました。

当たり前のことが当たり前にできる、ということに対して喜びを感じるこどもたちの姿に、私は心を打たれました。

こんな境遇のなかでも人の内側からわき起こる喜びのエネルギー。みんなと普通に学校に来られるだけでうれしい。仲間と練習できるだけでうれしい。当たり前のことに感謝するという気持ちが、エネルギーにつながるんじゃないだろうか。

そんな喜びのエネルギーはまわりにも伝播するようです。私自身の内側にもエネルギーが伝播し、わきあがってきました。たくましく生きるこどもたちから、人としてとても大切なことを教えられているような気がしました。

それまでの自分

このようにして私は雄勝での活動を始めました。

「そんなことをしていて、もともとの仕事はどうしたんだ」と思われるかもしれません。先に進む前に、これ以前に私が何をしていたのか、少しお話ししておきましょう。

私は仙台で育ち、大学を卒業したのち東京に出てきて、総合商社の伊藤忠商事に入社しました。学生のころからビジネスに関心があって、ゆくゆくは起業して自分の会社をやりたいと思っていました。

その考えはかなり具体的で、人生の35か年計画なるものを立て、就職活動のときから企業の面接担当者に「5年で辞めて、自分の会社をつくります」と言っていたほどです。それでも採用してくれた伊藤忠を「懐の大きな会社だ」と思って入社。良い先輩にも恵まれ、幸せな社会人生活のスタートを切らせていただきました。

なお、同じく内定をいただき、最後の最後まで粘って口説いていただいたのがリクルートでした。当時の人事部長、青野史寛さん（現ソフトバンク常務）と担当であり今は親友でもある棚澤啓介さん（現クライス&カンパニー取締役）には、伊藤忠の内定式の朝まで3日間、一緒に飲み明かしました。なかば強引な採用活動でしたが、逃げださず最後には自分の思いを分かっていただけました。戦友のような仲になったおふたりとは伊藤忠入社後も年1回はお会いし、交友を深めてきました。ちなみに震災後、棚澤さんは年に何度となく雄勝に通ってくれています。

伊藤忠商事はさまざまな事業を行っていますが、入社1・2年は化学品部門に配属、3年目に社内ベンチャーのようなリーテイル事業室から声がかかり、化学品部門から1年限定で社内出向という形になりました。その部署では澤田貴司氏（現ファミリーマート社長）のもとで働きました。澤田氏は、社内ベンチャーをやるからには、退社しても事業を立ち上げる覚悟のある人を部署に集めたかったらしく、入社時から5年で辞めると公言していた私が呼ばれたのもそのためだったかと思います。やがて事業室に集められたメンバーは6名全員退社し、それぞれの道に進みました。5年と決めた期限まであと2年となったとき、当時はまだグループ会社となっていなかったコンビニエンスストアのファミリーマートに出向し、３年間お世話になりました。

商社にいながら、私は一貫して食品流通にかかわることになりました。食品流通の現場を経験したのち、伊藤忠を辞めて独立しました。厳密に言うと1年間は退社させていただけず、６年目が終わったところで円満退社。ただ、６年間毎日悩んで悩み尽くしたのですが、やりたい事業が思いつかず、退社後は知人の飲食店を多店舗化する手伝いをしました。

手伝いを始めて2か月経ったころに思いついた事業が、個人経営のレストランや居酒屋など外食企業に食品を供給する通販型の食材卸会社です。小さなお店がいろいろな業者から食材を仕入れるのは効率も悪いし業務の負荷も大きい。そこで、いろいろな食材をまとめて一括で供給する会社を考えたのです。いわば、疑似的なチェーン本部という構図です。辞めたばかりの伊藤忠から最初に出資を受けたため、伊藤忠の社内ベンチャーのように見えたかもしれませんが、大手食品メーカーなど25社から出資を受け、２０００年3月に会社を設立しました。

紆余曲折ありながらも10年かけて徐々に売上が伸び、20億円規模まで成長しました。しかし、投資ファンドが株式の大半を取得することになった直後、「社長を辞めてくださ い」と退任を迫られました。まさに青天の霹靂です。情熱を注いできた会社を奪われ、呆然としました。

会社売却をめざす投資ファンドが、従来のやり方を刷新して会社売却を速やかにできるようにするため、経営層の入れ替えを図ったのだと理解しています。新社長・新副社長とは一度も会うことなく、私は会社を離れました。実際に翌年、会社は投資ファンドから別の事業会社に株式移動（売却）され、連れてこられた新社長・新副社長も会社を去ったと聞いています。

でも、社長を解任されたその日の夜には、別の気持ちになっていました。

「これはむしろ、ありがたいことなんじゃないだろうか」

人生には、手放すことで見えて来るものがあるものです。仕事を失ったことで、あらためて自分のやりたいことを見つめ直すことができる。それはありがたいことだと思えてきたのです。

思えば、添加物を入れた加工食品や、だれが作ったかわからない食品を流通させるということに対して、心の奥にずっと違和感があったのです。社長として業績目標に邁進するなかで、そんな自分の心に見て見ぬふりをしてきたことに、私は気づきました。もう1回、「食」の根っこを見つめ直して、それにつながるようなことがしたい。そんな思いがわいてきました。

捨てる神に拾う神。ある会社の社長を通して、おもしろい話を聞きました。奈良の薬師寺の門前にある350坪の日本料亭が、数年前に経営破綻して以来、空き家になっているといいます。「遷都1300年の年が始まろうとしているなか、世界遺産である薬師寺の門前が空き家というのは、よろしくない。なんとかここを活用できないか」。その元料亭を使い再生を行う事業者を求めているというのです。

社長退任後、漠然と、次は日本人の根っこにつながることをしたい、という想いがわいてきていたので、「そうだ、伊勢神宮と熊野古道を歩こう」と思い立ちました。3月上旬、伊勢神宮を参拝した後、3日間、熊野古道を歩きつづける、という計画を立てました。すると、たまたま熊野古道を歩き終わる翌日に薬師寺での面談が設定されました。何か見えざるものに導かれているのかもしれない。そう思いながら歩きつづけました。

薬師寺の敷地内、南門駐車場前に広がる巨大な日本家屋。日本の歴史と文化が詰まった場所で、食にかかわる新たな事業ができるのではないか。活用法を提案したところ認められ、「薬師寺門前AMRIT（サンスクリット語で伝説の命の薬の意）」という名称のもと、レストラン、カフェ、ショップ、ギャラリーという4つの事業を始めることになりました。

それが2010年5月、社長を辞めさせられてから4か月後のことでした。

おかげさまで、それから丸6年が経過し7年目に入りました。ランチ時には奈良のマダムの方々に愛されています。夜はとくに3世代の家族に「ハレの日」のお祝いごとで使っていただくことが多く、薬師寺を参拝されてから、ＡＭＲＩＴで乾杯する姿が象徴的であったため「参拝と乾杯」と銘打ってＨＰやチラシなどでもご案内しています。お誕生日や結婚記念日、七五三やご入学、ご卒業ご進学など家族の大切な日に使っていただいています。

観光のお客さまの方を向くのではなく、地元の人に喜んでもらえる店にしよう。そんな思いで事業を続けていた翌年に震災が起こりました。そして私の人生は、さらに大きく変わっていくことになりました。

……振り返ると、社長を辞めさせられたことは、自分にとって、ほんとうによかったと思います。何もかもなくしたように思いましたが、むしろ自分がほんとうに持っているものは何なのか、自分がほんとうにやりたいことは何なのかが、きれいに見えてきました。社長の職を失っても、人とのつながりは何も変わらず残っていることにも気づきました。

今思えば、震災後に私が迷いなく行動することができたのも、社長解任という出来事によって、自分の生き方を見つめ直す経験をしていたおかげかもしれません。

考えず、心にしたがって動く

私はもともと、行動する前にいろいろとよく考える人間でした。就職活動をする前に立てた人生35か年計画は、フェーズ1が10年、フェーズ2が25年。フェーズ1の前半5年は大企業で経験を積み、後半5年で公開会社をつくる。フェーズ2で世の中に役立つ事業を4つつくる、59歳で第一線を退き、その後は後任後輩たちの人材育成に努めるというものです。伊藤忠とリクルートのどちらかと悩んだ時の判断軸は、ヒト・モノ・カネ・情報をどちらが多く5年間という期限で学べるかというものでした。「なりたい自分」を考え、そこに至るための最短距離は何かを考えて行動していたのです。ところが、社長解任によってその計画ががらがらと崩れ去る経験をしたことで、自分の内側に大きな変化が起こりました。

それは、心にしたがって動くようになった、ということです。

利害や効率、その先の展望や計画をあれこれ考えるのではなく、自分の心に響くこと、心にわき上がってくるものに素直に耳を傾け、それに向かって一歩踏み出す。ほんとうに自分の心に沿った行動であれば、迷いや後悔はなく、全力を発揮することができる。そして、心で動いていると、それはほかの人の心にも伝わっていく。だから自然に道もひらけてくる。そんなことを、私は実感をもって理解するようになったのです。

私は東京で人に会えば、二言目には「一緒に雄勝へ行きましょう」と声をかけるようになりました。そして興味を示した人には、「では今週末に。土曜日の朝5時に、渋谷駅前で待ち合わせましょう。私が運転します」。半ば強引に人を誘うので、面食らう人もいましたが、私は本気でした。その本気が伝わったのか、実際に来てくれた方もたくさんいます。彼らもまた、あれこれ考えず、心にしたがって動いてくれたのだと思います。そしてそうした行動が、現実に震災地の助けになり、さらに多くの人の行動を刺激していきました。

私は東京と雄勝を週2回の頻度で行き来するようになり、その都度、知り合った人たちを誘っては震災地にご案内しました。最初の1年間で100往復。2年で200往復、3年で300往復。5年経つまでには500往復、延べ1300人以上の人が、私の呼びかけに応えて車に乗ってくれました。もちろん、すべて東京から車を走らせたわけではなく、後半の2年半は新幹線で仙台まできてもらい、仙台から雄勝までの往復200キロメートルを人を乗せて運びつづけました。

人手が足りない震災地。大勢のボランティアを効率的に集めるならば、もっとうまいやり方があったことでしょう。大々的に広告したり、大手企業が従業員を動員したり、いろんな手が考えられますし、現にそうした取り組みもありました。商社マンだった私に、そのような発想がなかったわけではありません。それでも、私は目の前の人をひとりひとり動かすことにこだわりました。心で動いてほしかったからです。ひとりひとりの心こそが強いエネルギーになるのだから。そして内側でわき上がるエネルギーは、まわりの人にも伝わっていくからです。

このころ一緒に震災地に向かった人のなかには、その後の生き方が大きく変わったと言う人がたくさんいます。そして私自身も、人生の針路を大きく転換することになりました。

震災から4か月後の2011年7月、私は東京から雄勝に住民票を変更し、移り住みました。

2

あるものを結び、ないものを創る

地域活性化の最先端

問題が20年早くやってきた

7月に移住することを決めた雄勝は、すでにお話ししたように三方を山に囲まれており、過疎化が進んだ、いわゆる「限界集落」のような地域です。

昭和30～40年代は1万2000人ほどだった雄勝町の人口は、震災前には4300人にまで減っていました。震災後の今では住民票ベースで1600人ほどです。

とはいえ、震災がなかったとしても、おそらく20年ぐらい後には今と同程度の人口になっていたことでしょう。まず若い人がいません。国産硯の90パーセントを産出していた時期もあり、「硯のまち雄勝」としてブランドにもなっていますが、かつて200人以上いた職人は今では数名にまで減っています。現在は漁業のほかに目立った産業がなく、働く場所、仕事がないため、漁師さん以外のほとんどの人は震災前から石巻などに働きに出ています。高校もありません。自然に、人がまちの外に引っ越していきます。そうするとさらに若い人はいなくなり、こどももいなくなる。残されるのはお年寄りばかり。

お気づきのとおり、これは雄勝だけの問題ではなく、日本全国の地方自治体で進行しつつある問題です。少子高齢化と過疎化の進行によって、21世紀の半ばには自治体の半分が消滅してしまう、といった予測もあります。それは医療・介護の不足や、買い物難民の発生、行政サービスの機能不全、それによる住環境の悪化などなど、人々の生活にリアルにかかわってくる問題です。

いいかえれば、震災によって、日本各地がこれから直面する問題が、震災地では前倒しで起こっているのです。

震災から数か月経つころから、盛んに復興の「あり方」が問われるようになりました。震災前と同じ状態に戻ろうとするのではなく、新しい地域のビジョンを描かなければならない。「復旧」ではなく「創造」が必要だ、といわれていました。

雄勝のまちと人にかかわるなかで、私はこの地域に大きな可能性があると考えるようになりました。

ひとつの理由は、地域コミュニティの強さです。周囲から孤立しがちなことの裏返しでしょうか、地元の人々どうしの関係は強いようです。避難所を回っていても、婦人会の方々がテキパキ動いている様子などから、結束力を感じます。雄勝中学校の佐藤校長先生のように、本気で動く人たちがいました。

もうひとつの理由は、あらゆるものを流された小さな地域だからこそ、新しい取り組みも行いやすいと感じたからです。大きな自治体ではなかなかできない、前例のないことも、ここでなら試せるかもしれません。それに、あらゆるものが流されたといっても、山も海もあるのです。四季折々の自然の豊かさは、この地域が本来持っている活力を象徴するように思えました。

そして、こんなに小さな田舎の、活性化など不可能にも見える地域でよい事例をつくれたら、それは全国にも広がるのではないか、という思いもありました。全国共通の課題にいち早く直面することになった震災地。ここでの取り組みは、復興支援という以上の意味合いを持つことになるに違いありません。

「このまちは地域活性化の最先端になるのかもしれない」。そんな思いが、移住を決めた私の中で徐々にわいてきていました。

何もないわけじゃない

震災後には短期間のうちに何度か火葬場に行く経験をしました。

焼却が終わり、火葬炉が開いて台車が出てきます。そこに乗った白骨を箸と箸で拾い骨壺に入れます。最後に係の人がきわめて事務的に、淡々と灰をちり取りで拾って骨壺へ。それから「ふたを閉めさせていただきます」。ふたを載せてからもう一言、「押させていただだきます」。ガシガシガシッ、という音がして、それですべてが終わりです。
なんとも言えない、あっけなさ、やるせなさを感じる光景でした。人の一生の最後が、こんなにもあっけないものだなんて。人の人生のあっけなさ、無常さ。そんなことを感じました。

同時に、生きているあいだに何ができるか、どんなワクワクがあるか、どんな幸せがあるのかが大事だと思わされました。ほんとうに大切な人を大切にし、ほんとうに大切なことをしなければならない。

親族はじめ多くのものを失った、生き残った人々にも、程度の差はあれ、そのような思いがあるに違いありません。

避難所を回るなかで印象的だったのは、家も船も漁具も流されてもなお、町の主産業である漁業を復活させることがまちの未来につながると語る漁師たちや、こども全員を亡くしながらも町民のためにがんばり続ける看護師さんなどの姿でした。

何もかもなくなったように見える人のなかにも、何か人のためになること、町が元気になることをしようとする人がいました。まるで、いかに多くのものを奪われても、自分の心だけは奪われていないと言うように、震災地の人たちは苦悩の中にもそれぞれ自分を奮い立たせ、できることをしようと一歩踏み出し、動いていました。

また、大災害の現場にいたとはいえ、私たちは決して悲観的ではありませんでした。佐藤先生のこどもたちへの想いと覚悟、わき上がるエネルギー、そしてテニスコートをつくったこどもたちが教えてくれた、内側からわき起こる喜びのエネルギー。それこそが、これからを生きていく、未来をつくっていく原動力になるはずです。批判からは何も生まれない。批判よりも事例をつくろう。だれかの批判をするのではなく、目の前の人が喜ぶこと、自分の心が喜ぶことをやっていけばいい。

人生の終わりの言いようのないあっけなさと、どんな状況でも歩みをやめない人たちの力強さ。その両極端の様相に、人間はすごい、ということを改めて感じる日々でした。

そして実際、「何もかもなくなった」わけではないことも明らかでした。たしかに津波は何もかも破壊した。何もかも流し去ったように思えます。けれども、ここには人のつながりがあり、豊かな海産物を育む海があり、何事もなかったかのように悠然とした自然があります。

私が震災地で活動するうえで強く意識したのは、「ないものねだりではなく、あるものを活かす」ということでした。物資がない、人手が足りない、政府の支援が足りない。ないものを挙げればきりがありませんが、不平不満を言う暇はなく、今あるものでなんとかしながら、前に進んでいくしかないのです。

緊急支援のフェーズから復興支援のフェーズに移行したことで、やはりハコモノづくりのような復興策が盛んに論じられるようになっていました。一方で、行政の動きは遅い。それに、必要なのは現地の人々が早く仕事を取り戻し、自律的な生活ができるようになることです。もともと仕事が少ない、働く場所がないわけですから、事業によって雇用を生み出さなければいけません。大規模工場を震災地に建設するといったやり方もありますが、私は自ら起業した経験のある者として、現地にあるものを活かした事業の立ち上げをしたいと考えていました。

そんなとき、まさに「あるものを活かして」再建への道を歩き出そうとしていた漁師さんたちから声がかかりました。

雄勝そだての住人

学校給食の提供以来よくかかわっていた雄勝中学校の生徒たちのなかには、お父さんが漁師をしている子が何人もいました。それで漁師さんたちと言葉を交わすこともよくあったのですが、あるときひとりの漁師さんから依頼がありました。

「これから、新しい漁業をつくっていきたいと思っています。仲間を集めて会議をすることになりました。今までにはないことをやりたい。立花さんは、以前は商社マンだったそうですね。集まりに参加して、アドバイスをいただけませんか」

私はこどものころから釣りが大好きです。船舶免許も持っています。食品関連の仕事に従事していたからか、幼稚園のころの将来の夢が「漁師になること」だったからか、震災地の主力産業である漁業にはとても関心を持っていました。

会議には6人ほどの漁師さんが集まりました。親族を失った人もいます。だれもが家や船、漁具や加工場を失っています。それでもみな前を向き、これまでのやり方とは異なる漁業のあり方を考えていました。

震災前から、先にふれたように雄勝の人口は減りつづけ、過疎化が進んでいました。そんななか漁業は、後継者がいないという問題や、流通の経路により生産者の受け取り価格が決められないといった問題に直面していました。また震災直後の当時は、港が破壊され、満足な漁具もないといった当座の問題もありました。

それで彼らが考えたのが、全国各地のお客さまに定期的に、産地直送で海の幸を届けるモデルです。漁業がもとの状態に戻るまで、前金で支払ってもらえば資金繰りは安定しますし、直接販売することで収益性も確保できます。そして、お客さまとの関係も近くなります。イベントをしたり、生育状況や近況を報告するチラシを添えたりすることで、雄勝のことや漁師さんのこと、漁業への思いを知ってもらい、継続的な関係をつくれたらと考えました。お客さまと生産者が一緒になった、雄勝の海の幸のコミュニティがつくれたら、それは雄勝のまち自体の活性化にもつながりそうです。「それだ！」ということになり、さっそく行動を開始しました。

雄勝の漁業を応援してくださる方々のネーミングを考えながら、宮城から東京まで東北自動車道を運転していたときのこと。漁業を育て、町を育て、人と人との絆を育てる、そんな言葉を思い巡らしていると、「そだての住人」という言葉がふと、どこからともなく降りてきました。遠く離れた地域にいるお客さまが、あたかも雄勝に住んでいるかのような心で、消費を通じて漁業を育てる。まちを育てる。漁師さんと親戚になるような、人との絆も育てる。漁業も、まちも、人との絆も育てる、そんな新しい親戚のようなコミュニティにしよう。

こうして2011年8月に始まった「そだての住人」は、震災直後ということもあって順調なスタートを切りました。1口1万円をお支払いいただいて、そのときの旬の海の幸をお届けする。商品には、水揚げする様子など漁師さんの写真に手書きのメッセージを添えたチラシを同封しました。お客さまからの評判もよく、会員はどんどん増えていきました。

雄勝の海の幸をお届けするだけではありません。お客さまに実際の漁場に足を運んでいただき、漁師たちと語らい、浜辺で海の幸を堪能する、「雄勝そだての住人」という名の交流イベントも隔月で開催しました。お客さまに来ていただくだけでなく、逆に漁師さんが東京や大阪など全国に出向いて浜焼きをしたり交流したりするイベントも開催してきました。

順調に軌道に乗ることができた背景には、広報面での工夫もありました。ＰＲのプロフェッショナルの方がプロボノで協力してくれて、メディアへの情報発信を効果的に行ってくれたのです。

その方の勧めもあって、宣伝を兼ねた楽しいイベントもたくさん行いました。話題になったのは、２０１２年の春先に行った、早採りワカメのしゃぶしゃぶイベントです。ワカメというと、お味噌汁に入れたりサラダに入れたりするもので、それ自体がメインの料理になると思う人はあまりいないでしょう。でも早採りワカメをしゃぶしゃぶで食べるのはとてもおいしいのです。私たちはそれを、東京都内の企業の社員食堂でやりました。水揚げしたばかりの濃い茶色の早採りワカメが、お湯につけるとサッと鮮やかな黄緑色に変わり、食堂に歓声がわき起こりました。とくに外資系企業で実施したときは、外国人社員の方々がワカメをしゃぶしゃぶしている様子が見た目にもおもしろいといって、メディア

雄勝そだての住人のイベントで銀鮭のつかみ取りにチャレンジするこどもたち。

の方が取材してくれて話題になりました。

また、雄勝では銀鮭の養殖が盛んです。餌の技術改良の効果もあってとてもおいしいのですが、ブランドと言えるほどにはなっていませんでした。鮭、サーモンといえば99パーセント以上がチリやノルウェーなど海外からの輸入品です。なんとか、刺身がおいしい雄勝の銀鮭を人々に知らせたい。そのために私たちは、有名なブランドとのコラボレーションを考えました。「お刺身でいちばんブランドのあるものって、何だろう?」「下関のフグじゃないかな」。ということで、下関のフグと雄勝の銀鮭の「対決」イベントをすることに。下関・唐戸市場の方々や仲卸の方々にお願いして、フグと銀鮭のお寿司を握ってもらい、一般のお客さまたちに味わっていただいたのです。このイベントも話題になりました。

何もかも失われた、と思われた震災地で、新しい漁業のコミュニティが生まれ、新しいブランドが生まれつつありました。

雄勝の海では、リアス式海岸のミネラルたっぷりの伏流水が良質なプランクトンを育み、それが大ぶりで甘みのあるホタテをはじめ、牡蠣やホヤ、ワカメや銀鮭などを育みます。これらは震災前から雄勝に根付いていたものですが、全国ではあまり知られていませんでした。しかし、漁師さんと全国各地のお客さまとを結ぶ仕組みをつくり、ワカメと外資系企業、下関のフグと雄勝の銀鮭といった、意外性や話題性をともなう組み合わせをつくることによって、人の関心を引くことができる。あるものを活かす工夫をすることで、これまでにないものが生まれるのです。

現在、「雄勝そだての住人」の会員は1500人ほど。インターネットで販売をしており、不定期で雄勝や全国でイベントも実施しています。雄勝で開催するイベントでは、牡蠣やホタテを育てる漁業体験をしたり、旬の魚介を浜焼きで楽しんだりできます。多くのお客さまが漁師さんとの交流を楽しみながら、漁業を育て、まちを育てることにかかわってくれています。

参加された会員の方からは、「牡蠣に愛着を持ちました」「自分が育てた牡蠣、という意識が生まれました」「ホタテを見るたびに雄勝の漁師や雄勝の海を思い出します」など、うれしい声をいただいています。

活動を通して、漁師メンバーにも変化が起きました。

株式会社雄勝そだての住人の代表をしている佐藤一さんは、学校を卒業後、そのまま漁師になった方で、何事にも前向きに取り組む人です。いつも穏やかで、ときにみんなからいじられるキャラも併せ持つ、リーダーにもフォロワーにもなれるバランス感覚があります。何度もイベントに出てお客さまと交流するなかで、お客さまが引き込まれるような、一言一言に想いの込もった話をするようになりました。「漁業体験や〈雄勝そだての住人〉のイベントなどを通じて魚食文化がもっと広がれば、日本全体の漁業のためにもなる。そして、漁業だけでなく雄勝のファンになってもらうことが、結果的に本業にもつながっていく」。そんなふうに熱く語ります。

取締役のひとり、鈴木晃喜さんは男気のある兄貴分的な存在です。年齢は佐藤さんや私より1歳上なだけですが、折り目正しく、義を通す人です。人の本質を直観的に見抜く動物的感覚、洞察力も優れています。だれが見るでもない場所でも、心を整えるように整理整頓をつねにしており、鈴木さんの船や作業小屋はいつもきれいで、どこに何があるかがパッとわかります。改善の人でもあり、仕事をよりよく行うために日々積極的に改善を重ねています。佐藤さんや鈴木さんをはじめ雄勝そだての住人のメンバーは、自分たちの漁業だけでなく、三陸の漁業、日本の漁業のあり方を熱く語れるリーダーになっています。

東の食に、日本の力を。東の食を、日本の力に。

「雄勝そだての住人」の立ち上げと並行して私は、「食」を通じて震災地を応援する別の取り組みにも関わりはじめました。

オイシックス代表の高島宏平さんから「一般社団法人 東の食の会」設立の話があったのは震災から2か月が過ぎた2011年ゴールデンウイークごろのことです。

「現場で被災地の状況を認識し、食品業界に詳しい立花さんに参画してほしい」

個人向けと飲食店向けとターゲットは違いますが、高島さんと私は、食品のネット販売という同じ分野で2000年に起業しました。同じ社長という立場で抱えている課題を相談したこともありました。高島さんは本業を愚直にやり続けた結果として上場企業の経営者となり、本業を通じて社会に貢献し続けている人。その変わらぬ姿勢と進化した経営感覚、業界や年代を越え多くの人を巻き込む力、プロジェクトや団体を形にしていく力は比類ないものがあります。

高島さんの呼びかけに賛同し、私は東北の豊かな「食」を首都圏につなぐ役割として参画しました。

会の発足当初から、地域のリーダー的な生産者を応援することで、多くの取り組みが生まれました。さらに地域生産者同士がつながって、新たな団体を設立したり、プロジェクトを推進したり、より多くの人を巻き込み業界をけん引するうねりにもなっています。

たとえば、「東北６県ＲＯＬＬプロジェクト」という、有名シェフが東北６県の食材を使った「ロール＝巻物」を考案し、ご当地グルメの仕掛けと生産者の応援を行う、新しい形のプロジェクトがあります。キリンビール、南海食品、料理道具などを扱う貝印の協賛を得た支援活動です。その発表会で出会った宮城県の十三浜の漁師、阿部勝太さんは、活動を通してまさに地域の生産者のリーダー的な存在になっていきました。

出会った当時、勝太さんは27歳という若さで、プロジェクトの発表会では多くの報道陣の前でガチガチに緊張していましたが、今では経営者や行政関係者の方々が多数参加する集まりなどでも堂々と熱く漁業の未来を語っています。三陸沿岸の漁師が中心となって販路の共有や若手漁師の育成事業を行う一般社団法人フィッシャーマンジャパンの代表も務めています。

東の食の会では、生産者と販売者がともに商品をプロデュースすることも推進してきました。代表例としては、お菓子のマカロンをイメージし、サバの缶詰とは思えないオシャレでカラフルなラベルが印象的なÇa va?（サヴァ）缶があります。２０１３年９月の発売以来、国内外で人気を集め、第２弾・第３弾の味のÇa va?缶も誕生しました。

ＡＢＣクッキングスタジオで取り上げていただき若い女性にも食されるようになってきた「アカモク」もあります。ネバネバ、かつシャキシャキした食感が特徴の海藻です。栄養価の高さや美容に良いことに着目し、シーフーズあかまの社長・赤間俊介さんを中心としてプロデュース。それぞれの地域でパッケージや名称が異なっていたものをデザイン性ある統一パッケージにし、量販店や百貨店でも売り場に登場するようになりました。

また、会が復興庁の先導モデル事業として毎年１回３年間開催した「東の食の実行会議」があります。大手食品メーカーや卸、量販店や外食チェーンの経営者と産地生産者、ＮＰＯ、デザイナー、行政職員や市長、アーティストやクリエーターが集まるこの会議は、実行を伴ったコミットを参加者自身に要求する会議体です。「ブランド」を軸とした「２０２０年までの東北の食のビジョン」と新しい東北の食のあり方を示し、数多くのアクションプランが誕生しました。岩手・宮城・福島の水産業のリーダーたちが連携して世界に通用するブランドを生み出し、地域全体、水産業全体の利益に貢献することを目指したキリン絆プロジェクトの「フィッシャーマンズ・リーグ」もここから誕生しました。特

雄勝そだての住人の輸出専用岩牡蠣 himeco。

に海藻や牡蠣で地域ブランドを創り上げていく取り組みです。

各地から集まった秋の収穫物を共に楽しんでいただき、日本の食文化を支える生産者さんへの感謝の気持ちを再発見する収穫祭イベント「東京ハーヴェスト」も、東の食の会から生まれました。外国人の方々の来場者も増えており、将来的には世界中から日本の収穫祭に人が集まるようになることを目指しています。

発足した当初は岩手、宮城の生産者が活動の中心でしたが、２０１６年からは福島の農業生産者と「気軽に農家に会えて、素敵な商品が買える」福島の食のファンクラブ「チームふくしまプライド。」や、新しい福島の農業をつくるヒーロー農家を生み出すマーケティング・キャンプ「福島ファーマーズ・キャンプ」、福島の米と糀《こうじ》の美容ドリンク「Cozy Beauty（コージービューティー）」の発売などを開始しています。

こうした中で、東の食の会と雄勝そだての住人の連携も進んできました。

２０１６年の２月には、ジャパンブランドの牡蠣を海外に普及するために、東の食の会のメンバーとともに雄勝そだての住人の牡蠣や三陸各地域ブランドの牡蠣を空輸し、香港で１週間のイベントを実施しました。会場は２０１５年末にオープンしたカフェ・カンパニーの新業態・和食の WIRED green。１週間限定メニューで岩手や宮城の三つの浜の漁師の自慢の牡蠣の食べ比べが提供されました。

世界中からおいしい食材や料理が集まる香港。「アメリカ産と比べて……」「オーストラリア産と比べて……」「……なクリーミーさがある」など、舌の肥えた香港人の味覚の鋭さ、味の表現力の多さに驚きました。四声を聞き分ける耳の良さ、聴覚と同じように、甘みやうまみの細やかな違いを見分ける味覚を持ち合わせているのかもしれません。その香港人が「こんなにおいしい牡蠣ははじめて」と言ってくれて、手ごたえを感じました。

しかし一方で、日本の牡蠣の認知度の低さ、そして三陸の知名度はゼロ。牡蠣単体の味だけではなく、しっかりと練りあげたマーケティングの必要があると痛感しました。

雄勝そだての住人からは、輸出専用として育てている手のひらサイズの小さな岩牡蠣を出しました。その名もhimeco（ヒメコ）。1年半で4、5回の籠入れの作業を繰り返し、手間と愛情をかけ、お椀型になった岩牡蠣は、濃厚でクリーミーな甘みが広がるのが特徴です。

香港でのテスト販売と消費者調査を通して明確になった、まったく認知度のない日本の牡蠣。目指しているのは、世界で認められているフランスのワイン（フランス・ボルドー《（地域）》・シャトー《（生産者）》）のようなブランディング。海外向けのジャパンブランドではJAPAN OYSTERとして訴求し、エリアブランドではSANRIKUを、地域ブランドとしてhimecoを香港やシンガポールを基軸に世界へとつなげてゆきます。私たちの夢は世界へと広がっています。

このように大きく展開していった東の食の会の活動の中でも、漁師さんたちとの出会いと同様、私は多くの貴重なご縁にも恵まれることになりました。

高島さんと一緒に会の代表理事を務める楠本修二郎さんは、WIRED CAFEを主としたカフェやレストランを国内外１００店舗以上経営するカフェ・カンパニーの代表です。また経済産業省の「クールジャパン」メンバーや一般財団法人Next Wisdom Foundation代表理事など各方面で活躍しています。笑いとユーモアを大切にし、形にならないことをわかりやすい言葉で紡ぎ出し、みんなを行動へと駆り立てる楠本さんの才能には、いつも驚かされます。「人が集められる」のではなく、楠本さんの周りに「人は集まりたくなる」。

そのような人間的魅力を感じる、私にとってはカッコいい兄貴的な存在でもあります。

震災後にさまざまな活動でご一緒するようになったNPO法人ETIC.（エティック）の宮城治男さんには、霞ヶ関行政官や多くの社会起業家の方々とのご縁をいただいています。実践型インターンシップ・社会起業・起業支援を主軸に活動し、官と民、社会と企業、地域と人をつなぎながら、社会に役立つ人材を育てる新しい仕組みを担っている存在です。つねに客観的で俯瞰する視点、内に秘めた情熱、高い視座から発せられるコメント。そして達観したような落ち着きを放つ宮城さんは、尊敬と親しみを込めてみんなから「仙人」とも呼ばれています。

また会の事務局長として、高橋大就《だいじゅ》さんは会の発足当初から強力な牽引力を発揮してくれています。大就さんは、外務省に9年間、マッキンゼー・アンド・カンパニー社で3年間という経歴の持ち主で東の食の会に参画してくれました。現在はオイシックス香港の社長も兼務しています。ユーモアセンスにあふれ、甘いマスクにいつも笑顔で、カオスな会議も見事にまとめ上げるファシリテーションの達人。三陸の漁師メンバーや福島の生産者とも熱く語り合い、実行に移していく。有言実行で情熱的な男です。

高島さん、楠本さん、宮城さん、そして私の4名が現在も会の理事を務めていますが、活動は地域の生産者をはじめ多くの方がリーダーシップをとって広く展開してきました。

避難所で活動する藤原和博先生（中央）。

地域のリーダーを応援すること、そして震災地と東京、生産者と販売者など、異なる立場の人がつながることで生まれる可能性の大きさを実感しています。

こどもたちを地域につなぐ

『毎日の悩みが消える』働き方の教科書』『本を読む人だけが手にするもの』など著書多数で、教育改革実践家の藤原和博氏（普段、藤原先生と呼んでいます）から震災直後にご連絡をいただき、一緒に沿岸部を回らせていただきました。それ以来、私たちの活動のよき理解者であり、私たちの「応援団長」になってくださいました。

藤原先生のお声がけで震災の2か月後の

２０１１年5月には「エンジン01」（「エンジン01文化戦略会議」）教育委員の出前授業を雄勝中学校で行っていただきました。「エンジン01」は、第一線で活躍する各分野の表現者・思考者たちが日本文化のさらなる深まりと広がりを目的に集まったボランティア集団で、藤原先生も参加されています。出前授業の講師1人目が藤原先生。「よのなか科」の授業をワークショップ形式で実施いただきました。２人目は著述家、評論家でもある勝間和代さん、３人目の講師は、作曲家の三枝成彰《さえぐさしげあき》さん。大ヒットした「機動戦士ガンダム」のテーマを題材にした商業音楽の話から、オペラ忠臣蔵の世界まで、幅広い音楽の授業でした。最後の講師は、エンジン０１教育委員会委員長でもある作家・林真理子さん。もともと特技もなかったという山梨での幼少期から、日本中のすべての本屋に作品が並ぶ作家になるまでの人生をドラマのようにお話しくださった国語の授業でした。「林先生のご実績からそんな大変な時期があったとは驚きました」という生徒の声も上がっていました。

これをきっかけに、三枝先生、林さん、藤原先生とは、公益社団法人3・11震災孤児遺児文化・スポーツ支援機構という団体活動もさせていただくこととなりました。藤原先生同様、林さんもずっと私たちの活動を応援してくださっています。震災後に広がった文化人の方々とのつながりは、藤原先生と林さんがご紹介くださったものです。

さて、震災直後の学校給食提供につづいてグラウンドの整備など、学校への支援を行うなかで、一つ気になっていたのが、先生たちのことでした。教職員の先生方は震災直後からほぼ休みなく働き通しでした。雄勝中の佐藤校長先生だけでなく、私の会った先生たちはみな、ご自身もつらい状況にあるなかで、できるかぎり早くから授業を再開し、避難所生活のこどもたちが普段通りの学校生活を取り戻し、ひとときの安らぎの場を得られるよう、間借りの仮校舎で学習環境を整えるべく尽力されていました。

そのうえ、小さなまちではよくあるように、この地域では学校の先生といえばまちのだれもが知っているような存在です。自然に避難所でも先生としての振る舞い、お世話役のような役回りを期待されます。学校の体育館が避難所になっていることも多く、そうすると施設の管理者としての役割にもなります。先生たちは避難所でも働き詰めだったのです。

しかし、さすがに疲労の色が見えています。このままでは先生たちが倒れてしまう。佐藤校長先生と相談する中で「夏休み期間中だけでも先生を少し休ませてあげたい」と佐藤先生が言った一言に、私たちが主体となって夏期講習を行い、生徒たちをあずかる、ということをパッと思いつきました。

そうして生まれたのが、夏期講習、冬期講習、そして平日帰宅後のアフタースクールのプログラムです。仙台進学プラザという有名な進学塾にも協力を仰ぎながら、ボランティアの大学生たちを東京から集めて夏期講習を３週間行いました。午前中は勉強、午後は部活動やこの地方の伝統文化である太鼓の練習。期間中はお昼ご飯も毎日提供することにしました。アフタースクールの活動は夏期講習が終わった９月から始まりました。週３回、夕方６時半から夜８時半まで、仮設住宅の談話室などで補習をしました。

雄勝中学校・雄勝小学校の先生たちと話すなかで、別の視点も生まれました。「今、こどもたちは雄勝のまちから遠く離れた内陸にある仮設の校舎に通っています。このままでは彼らはまちを出てしまうでしょう。こどもたちが地元に戻りたいと思えるようなことを、雄勝でできないでしょうか」

それなら、地元の一次産業にふれる体験学習をしてはどうか。漁業、農業、林業に従事する地元の方々に先生になってもらい、こどもに現場を体験させてもらう。地域のことを知る機会になるだけでなく、体を動かすことにもなるし、楽しそうです。

話はとんとん拍子にまとまり、12月、雄勝小学校・中学校のこどもたちに雄勝の浜や近隣の田んぼでの仕事を体験してもらいました。農家の方々や漁師さんが、不慣れながらも笑顔で仕事を説明する姿、こどもたちが目を輝かせて作業に取り組む姿に、「これはいい。もっとやるべきだ」と思わされました。

この取り組みは石巻市内と近隣の十数校に広がり、石巻市教育委員会からも後援されるようになりました。始めてから2年半のあいだに、雄勝をはじめ石巻市内や他の地域からも含めてのべ4000人ほどのこどもが参加しました。

そしてこれが、2015年に私たちがオープンしたこどもの複合体験施設「モリウミアス」の原型になったのです。モリウミアスとその立ち上げのいきさつは、後の章で詳しくお話ししましょう。

ビジネスパーソンの成長の場に

一次産業の体験から学べるのは、こどもたちだけではありません。ビジネスパーソンも多くの学びを得ることができます。

2011年7月に雄勝に移り住むにあたって、私は空き家になっていた古民家を間借りして住んでいました。一緒に活動していた仲間たちや、私が東京で「一度ぜひ来てください」と半ば強引に雄勝へとご案内する人たちが滞在する場所が必要だったので、翌年、別の古民家を団体として譲り受け、「雄勝アカデミー」と名づけて活動拠点にしました。当初は家のなかのあちこちが壊れていましたが、滞在する仲間と少しずつ修繕して、布団も30人分買いそろえ、毎週末必ずだれかが宿泊しているような状態になりました。ちなみに、古民家を間借りするまでの震災直後は、仙台の実家を開放し、ボランティアで来てくれた人に泊まってもらい、母と妹が朝晩の食事を出してくれていました。

「雄勝アカデミー」と名付けたのは、ここが学びの場であることを当初から感じていたからです。

炊き出しに始まり、ケーキの配布、給食提供、グラウンド整備、体験学習プログラム、雄勝そだての住人の立ち上げなど、さまざまな活動をするなかで、それが自分たち自身に大きな学びをもたらしていることに気づいていました。

その場その時に何が必要かを自ら考え、率先して動くこと。ないものねだりをしたり批判をしたりするのではなく、あるものを活かす創意工夫。老若男女、さまざまな立場の人とうまくコミュニケーションをとること。さまざまな企業や団体、時には行政と共働して物事を進めること。どこが危険か、リスクを察知すること。新しい事業をゼロから立ち上げること。混沌とした状況のなかで、全力で走りながら考え、プロジェクトを推進し実施すること。

考えてみれば、震災地での経験で鍛えられる力は、多くの企業が「こんな人材がほしい」と言うとき挙げられるものと、そっくりなのです。

そのことに気づいた企業は、従業員を積極的に震災地ボランティアに派遣していました。

そして雄勝アカデミーは、その受け入れ先のひとつになったのです。

研修として企業からやってくる人たちは、滞在期間中、雄勝アカデミーのひとつ屋根の下で寝食をともにしながら、漁師さんのお手伝いをしたり、津波で破壊された施設の修復をしたり、山で間伐をしたりと体を動かして働きます。

水揚げや網交換など、漁師の仕事はチームで行うものが季節ごとにあります。そして熟練の漁師さんのチームをよく見ていると、ひとりひとりが状況に応じてリーダーにもなり、フォロワーにもなっていることがわかります。みんなで作業するとき、水揚げする人がいて、水揚げしたものを運ぶ人がいて、活け締めをする人がいる。そして作業が滞っているボトルネックを見つけると、サッと動いてそこをカバーする。非常に流動的なチームワークです。

しかも、漁師さんはほとんどの場合、あまり指示を出しません。だれからも指示されずに、それぞれが主体的に、そのとき必要な作業にかかわっていくのです。「おれがおれが」と出しゃばる人はおらず、チームの結果を出すために動く。肉体的負荷のかかるところには若い者が率先して入る。そのような行動ができる人が仲間内でも評価されます。

企業組織におけるチームワークで求められること、人事担当者が評価をするときに見ていることと、非常に近いのではないでしょうか。とくに昨今、自ら何が必要かを考え主体的に行動する、状況に応じて柔軟に対処する、チームのみんなと共働する、といった能力はますます重視されるようになっています。おそらく多くのビジネスパーソンにとっては意外でしょうが、漁師さんの仕事は、まさにそうした能力を鍛えるのにうってつけなのです。

もちろん、漁師さんがほとんど指示を出さないといっても、素人の人たちと一緒に作業するわけですから、ほんとうに危険なときはあらかじめ注意します。そしてこの点をとっても、ビジネスパーソンにとって学びがあるように思います。

たとえば、船が港に着岸するとき、漁師さんはけっして船縁には座りません。もしも船が岸にガツンと強くぶつかったら、岸壁と船に挟まれてしまうからです。また、重量のあるホタテ洗浄機を滑車で吊り上げているときは、決して機械の下に入りません。しかし、はじめて体験する人の中には、しばしばそうした行動をしてしまう人がいます。船に挟まれるかもしれない、滑車が壊れるかもしれない、という危機イメージができない人が増えているようです。よく状況を見ていれば想像できるのですが、ふだん安全な環境に慣れてしまっていると、気づかないことがあります。そんなとき「危ねえぞ！」と声がかかる。自分がいかに日頃、危険に対して鈍感になっているかに気づいてハッとする人も多いようです。リスク感覚が磨かれることは、日々の仕事にも活きてくるのではないでしょうか。

もちろん、こうしたこと以外も、日常業務を離れて一次産業の現場を見ることはよい刺激になります。雄勝の雄大な自然に触れ、食のありがたさ、生物多様性、山の恵みが海の恵みを育むことを実感し、生命の不思議さに思いを馳せる。それはなにか人を癒やし、元気づける効果があるようです。

私が雄勝の漁師さんたちとはじめて一緒に水揚げをしたのは三陸で養殖の盛んな牡蠣でした。養殖といっても、牡蠣もホタテもホヤも、人間がエサを与えるわけではありません。海中のプランクトンがたくさんあるところに稚貝をおろしたり、密集しているのを分けて効率的にプランクトンを食べられるようにしたりして、牡蠣やホタテの生育を促します。海水の力だけで生き物を育むわけです。牡蠣はプランクトンを食べ、海を浄化していきます。1個の牡蠣で1日300リットルの海水を吸い上げるそうです。とてもシンプルなことですが、「海の力ってすごいな」と改めて思わされ、それを活かした持続可能な漁業、一次産業の奥深さに感銘を受けました。

そういうことを、日頃パソコンに向かってばかりのビジネスパーソンたちにも知ってほしいと思っています。

こういうわけで、企業研修として雄勝はいちやく人気の場となりましたが、人気の理由のひとつには、雄勝アカデミーでの食事もあると考えています。毎回、来てくださったお客さまには雄勝の海の幸をふんだんに使った料理を「これでもか」といわんばかりにテーブルに並べます。その時の旬の魚介類をふんだんに使い、料理にバリエーションをつけます。刺身や焼き、揚げや蒸し、煮たりとじたり、鍋や炉端焼きなど。参加者はグルメのために来たわけではないので予想外の美食と品数の多さに驚き、喜び、「来てよかった」「また来たい」と思ってくれます。そうなったら大成功。参加者にとって、雄勝はただの「研修で行った場所」ではなく、「また行きたい場所」になります。「支援してあげる場所」ではなく、「おいしいものが食べられる場所」になります。

このように「食」を通じて人を引きつけることを、私は「胃袋をつかむ」と言っています。そして実際、研修に来た人々の多くが、雄勝の海の幸に胃袋をつかまれて、それ以降も雄勝に関心を寄せてくれたり、また訪問してくれたりしています。

企業からやってきた研修生やオフサイトミーティングで来てくださった企業人は、これまでに延べ2000人。参加した企業の規模だけを合計すると、日本のGDPの5パーセントに相当します。雄勝に来たビジネスパーソンたちが、それぞれの職場で活躍し、本業を通して会社を動かしていったらどうなるだろう。それだけの規模の企業がそれぞれに、持続可能な未来をつくるための事業をより一層行うようになっていったら……そんなことを夢見ています。

官僚たちの最もハードな研修

こどもたちやビジネスパーソンにつづいて、霞ヶ関の行政官、いわゆる官僚たちも、雄勝に来るようになりました。

２０１１年７月、私の震災地での活動が行政官にとってもヒントになるということで、東の食の会でもご一緒した社会的起業の支援団体ＮＰＯ法人ＥＴＩＣ．の宮城治男代表から声をかけていただき、東京で行政官向けの講義を行ったことがありました。講義終了後、そのときの受講者の数人が「ぜひ雄勝に行ってみたい」といって、車に乗って来てくれたのが発端です。翌年から人事院の新入省者研修として、全省庁から入省１年目の行政官の５パーセントにあたる人数を、５週間受け入れることになりました。

行政官といえば、震災が起きた当時から、行政の動きが悪いところがあると私は率直に感じていました。雄勝のような孤立した地域への支援が遅かったこと、ハコモノ建設中心の復興策が先行して話し合われ、震災地の実態をあまり踏まえていないと感じられたこと。政府批判をするより自分にできることをしよう、と思ってやってきましたが、だからこそ、行政官の方々が現場に来て学びたいと言うのなら、全力で今、現場で起きていることを感じていただき、ともに汗を流していきたいと思いました。

やるからには意義深いものを。エリート行政官をお客さま扱いして終わる、一過性の効果しかないような研修にはしたくない。そう考えた私は、ちょっと変わった形式を考えました。

まずは、あえて頭をまったく使わずに無心になる肉体系の作業を、地元の人と一緒にこれでもかというほどやってもらう。これは、論理で考えてしまう日頃の習慣をいったんストップさせて、「感じて動く」スイッチを入れてもらうためです。そして、作業を通じて地元の人たちと触れ合うことで、生の声を知ることもできます。でも、ただの「見学」にならないように、残り半分の時間では、新たな仕事をつくる自立的・持続的な事業プランを考えてもらう。そんな研修を考えました。いわば、行政官のための実践型MBAです。行政官としてのビジョンを持ちつつ民間的視点で新たな仕事を生み出す事業モデルをつくること。それを雄勝や石巻市、あるいは宮城県内でやっていただこうというわけです。

行政官の方には1週間、雄勝に滞在していただき、一次産業の現場で作業を手伝うほか、地元のさまざまな立場の人の話を聞いて、施策を考えてもらう。もちろん、一週間ですべてをやり切るのは難しいので、チーム制のバトンリレーの形にしました。35人の研修生が7人1組のグループに分かれ、週替わりで1組ずつ計5週間滞在します。最初のグループは事業プランを複数挙げ、次のグループで絞り込み、さらに次のグループでブラッシュアップし、持続可能かどうかも検証します。

最終的には一つの事業計画書と収支計画書をまとめ、まさに新事業として動き出す前の所まで進んで研修は終了です。過去5年間で、5つの事業プランが創出され、私たちが引き継いでそれぞれ実行に向けて動き出しています。

チーム間で内容を引き継いでいく研修はこれまでになかったものでしたが、人事院の研修担当責任者は「おもしろい。やりましょう」と賛成してくれました。この方はもともと霞ヶ関の省庁別の研修のあり方はよくないといって、省庁横断的な研修を始めた人でした。

雄勝の研修ではグループの7人は全員異なる省庁に所属する人で構成されます。

日頃はスーツ姿で膨大な書類と格闘している新人行政官たちが、木材を運んだり、ホタテの水揚げを手伝ったりと体を動かして働き、漁業や役場、地元の人々や興味をもった民間企業にヒアリングし、知らなかった震災地の現状に驚き、みんなで夜更けまで議論する。そして最終日には徹夜するほどの熱意で、調べたこと、考えたことを資料にまとめ上げる。その一生懸命な姿には、企画している側が言うのも何ですが、ほんとうに頭が下がります。

人事院の方いわく「前半はまったく頭を使わせない肉体労働、後半はフルに頭を回転させる内容。行政官研修の中で肉体的にも精神的にも最もハードな研修」とのことですが、大好評で、最低10年は続けてほしいと言われています。

「何かわからなければ現場を見る、肌感覚を忘れない行政官になりたい」

「雄勝で出逢った団体や民間企業の方々のように、行政官としてのビジョンをもったイケている行政官になりたいと思った」

「民間の方々の志と行動力に感銘を受けた。日本は一気によくなる、そう感じた」

参加者からはそんな感想をいただいています。

２０１２年からこれまでの5年間に、計２００人の官僚が参加してくれています。ありがたいことに、１週間参加して終わり、ではなく、振り返りを行う報告会が自主的に開かれています。省庁の枠を超えた人間関係が生まれるだけでなく、研修生間でも世代を超えてつながりができるようで、同窓会のような集まりが自主的に開かれているそうです。「こんな研修はほかにはありませんよ」と、人事院の担当の方は笑います。

何より、行政官の方々に現場への視点を持ってもらうこと、迷ったときや悩んだときは現場に聞くという心構えを持ってもらうことができたなら、この研修はきっと長期的に大きな成果をもたらすと私は考えています。「現場の人々と直接向き合って政策を考えよう」「わからないことがあったら現場に行こう」、そんな姿勢を持った方々にこそ、中央省庁で活躍してほしいものです。そうすれば、10年先、15年先、日本は大きく変わるのではないでしょうか。

研修に来た方々と触れ合った地元の人たちにも、変化が生まれるようです。地元の企業、漁協、県庁、さまざまなところに研修生たちはヒアリングに行くのですが、彼らと話した地元の人たちが「こんなに熱意のある行政官がいるんだね」「日本も捨てたもんじゃないね」と言うのをよく耳にします。「日本の未来に希望が持てました」という声もよく聞きます。

「グローバルな限界集落」

震災後、雄勝には海外からも多くの人がやってくるようになりました。

最初はだれか知り合いからの紹介で、海外に住んでいる日本人が帰国するタイミングで支援活動に参加してくれたのですが、やがてそのお子さんが雄勝での体験学習プログラムに参加したり、その知り合いの外国人の若者がやってきたりと広がっていきました。

２０１２年からは、ハーバード・ビジネススクール（ＨＢＳ）の学生たちも来てくれるようになりました。ＨＢＳで教鞭をとる竹内弘高教授の声がけで始まった取り組みです。その年は、事例研究（ケーススタディ）の題材として雄勝そだての住人を選び、ここでの取り組みを研究してくれたのです。もちろん、学生のみなさんには滞在中、船に乗り漁業体験をしたり、山に登って木を伐ったりもしてもらいました。以後も毎年受け入れており、

２０１６年に来てくれたグループには、私たちの活動を海外にＰＲするマーケティング戦略の提言をしてもらいました。もともとマッキンゼーなど大手コンサルティング会社やシンクタンク、外資系金融機関に勤務している人が多く、その短時間での情報収集力と情報編集力には圧倒されました。

そんな展開に私たちスタッフはもちろん地元の人たちも驚いていますが、三方を山に囲まれた閉鎖的な地形とは異なり、不思議なほどに雄勝の人たちはとてもオープン。言葉は通じなくても外国人の学生たちをあたたかく迎えます。ＨＢＳのある学生にはこういわれました。「日本の田舎は、家族のように心から受け入れてくれる感じがして、都心にはない温かさを感じました。日本にまた来たくなりました」

逆に、雄勝から世界に出て行った例もあります。雄勝中学校で震災後、この地方の伝統であり昔はこどもたちも演奏していた雄勝黒船太鼓を復活させる取り組みが始まりました。太鼓でまちのひとたちに元気を与え、世界中からの支援に対する感謝の気持ちを伝えようとするものです。

雄勝中学校は3階建ての校舎の屋上を津波が越えたため、当時あった和太鼓も使用できなくなっていました。あるもので何とかしよう、と考えだされたのが、津波で流された車に残っていたものを活用すること。廃タイヤにビニールテープを巻いて太鼓のような楽器

雄勝復興輪太鼓のベルリン公演。

を創り、生徒たちが演奏するのです。バチは１００円ショップで買った麺棒。こどもたちの怒りや悲しみ、絶望、勇気や希望などさまざまな想いがタイヤの太鼓に伝わり、聴く人の心を震えさせます。

「雄勝復興輪《わ》太鼓」と名付けられたその活動は多くのメディアに取り上げられるなど注目され、２０１１年11月にＪＲ東京駅で演奏したのにつづいて、世界各地に公演に呼ばれました。２０１２年３月にドイツで、２０１２年９月には韓国で演奏。２０１５年にはニューヨークでも行っています。

私も同行したドイツのベルリンでの公演。演奏団は、息の合ったすばらしい演奏を披露しました。メンバーのなかには、お母さんを亡くした子もいました。拍手喝さいを浴びたのち、マイクを向けられた中学1年生の生徒はこう言いました。「震災でたくさんの支援をしてくださったドイツの方たちのために、ばちの一打一打に感謝の想いを込めてたたきました」。堂々とした話しぶりに生徒たちの成長を感じるとともに、プロジェクトを通じて彼らにとって「世界」がぐっと近くになったと思いました。

雄勝の人たちの意識も徐々に変わってきたような気がします。地元で生まれ育ったモリウミアスのスタッフのなかには、「ふるさとのことを英語で伝えたい」と、一念発起して英語を勉強しはじめた人もいます。雄勝そだての住人のメンバーである漁師さんのなかには、雄勝の海産物を海外で売ることに対する意欲も高まってきました。

2016年の春には香港で雄勝の牡蠣のテスト販売を行いましたが、ゆくゆくは、たとえばニューヨークのオイスターバーで、雄勝の漁師がタキシード姿に正装してアメリカの人たちに牡蠣の生育方法のうんちくを語りながら振る舞う、そんな光景を漁師のこどもたちに見せてあげたい。きっと「オヤジかっこいい、漁師カッコいい」と思うでしょう。

いつしか雄勝のことを「グローバルな限界集落」と呼ぶ人もでてきました。過疎化と高齢化が進んだ、地理的にも孤立した地域が、そこにあるものを活かすことで、日本各地の、さらには世界各地の人とつながっていくことができるのです。

小さな事例が広がれば

震源地に最も近い、建物の８割が流失し人口の８割が流出した、震災地の中で最も厳しい状況におかれた地域、宮城県石巻市雄勝町。このまちで起きているこのような変化は、訪れた人による口コミやメディアでの紹介によって、徐々に広く知られるようになりました。

２０１５年、私たちの活動は、総務省の「ふるさとづくり大賞」の総務大臣賞を受賞しました。全国各地で地域活性化に取り組む個人・団体を表彰するもので、炊き出しやこどもたちの学習支援などさまざまな活動を通して震災地住民を励ましてきたことが評価されました。また同年、ソーシャルビジネス（社会的事業）の優れた取り組みに与えられる「日経ソーシャルイニシアチブ大賞（東北部門賞）」も受賞しました。２０１６年には農水省とオーライ！ニッポン会議事務局から「オーライ！ニッポン　フレンドシップ大賞」を受賞しました。いまや雄勝は、「地域活性化の最先端」にあるといっても言い過ぎではないでしょう。

そのような場で取り上げていただいたおかげで知名度が高まり、全国各地から企業や行政の方たちが頻繁に視察に来られるようになりました。国会議員や大臣の方もいらしたことがあります。

日経ソーシャルイニシアチブ大賞（東北部門賞）を受賞した際には、雄勝中学校の夏期講習の昼食支援をしてくださった作家の林真理子さんや浦上財団の浦上聖子さんなど「青山マザーズ」のみなさまも応援に駆けつけてくださいました。震災直後から今でも変わらず活動を応援くださっています。授賞式ではサプライズゲストとして（ほんとうにまったく知らされておりませんでした）青山マザーズのおひとりでもある女優の黒木瞳さんが私のプレゼンターで登壇くださいました。黒木さんも私が車で雄勝までご案内したおひとりで、団体としてもご支援いただき、またラジオ番組に出演させていただいたり、雄勝中学校の卒業式にビデオメッセージを送っていただいたり、折に触れ応援くださっています。

もちろん、受賞したり、注目されたりすることが私たちの目的ではありません。しかし、雄勝での「ないものねだりではなく、あるものを活かす」「仕事を生み出す」という取り組みが、他の多くの地域に知られ、その地域の活性化のヒントになるなら、それはとてもうれしいことです。

人口減少、少子高齢化、過疎化、地場産業の衰退。全国の地方で起きている問題を、政治・行政のせいにするのは簡単です。でも批判をしているだけでは何も変わらない。小さくてもいい、現場で実際の変化を起こすこと。私たちは、小さなまちで小さな成功事例をつくることが、結果的には大きな変化を生み出すきっかけになると信じています。

3

ゆっくり、じっくり、みんなでつくる

コミュニティの生まれ方

廃校をあらたな学び舎にしよう

震災の2か月後から開始した体験教室が当初からとても好評でした。雄勝はじめ石巻市内の小中学生、さらに他の地域からも参加するこどもが出てきて、開始から2年半でのべ4000人のこどもが参加。私たちはこれをさらに発展させていきたいと考えていました。キッザニア東京の創業メンバーで震災直後にケーキを配る活動を発案した油井元太郎さんや、電通でソーシャルデザインのプロジェクトを手掛け、キッザニア東京の立ち上げにも加わり、油井さんとも知り合いだった北本英光さん（通称・キララさん）は幼児教育アプローチへの造詣も深く、自然にふれながらこどもたちが自発的に学ぶ環境をつくりたいという強い意欲をもっていました。油井さんはキッザニアにいたころから、こどもたちを施設の外、農業や漁業、林業の現場に連れていく「アウトオブキッザニア」という取り組みも行っていました。そんな油井さんのこれまでの取り組みを形にする場所として、雄勝はぴったりだと思えました。

その後、油井さんはキッザニアを卒業し、キッザニアを立ち上げた時と同じような困難な状況をある意味で楽しみながら、ここ雄勝町に多くの人を巻き込み、モリウミアス事業に挑んできました。資金調達からプログラム開発、ブランディングや建築全般、スタッフの指導育成などモリウミアス代表としてすべての陣頭指揮をしています。事業の立ち上げに全身全霊を注ぐ姿、自然を通してこどもの体験の場や多様性を感じる場を生み出すことがこどもの未来につながると確信し現実のものとしていく姿は、仲間ながらほんとうに感心と感動を覚えるとともに、私自身多くのことを学ばせてもらっています。

私と油井さん、北本さんは公益社団法人ＭＯＲＩＵＭＩＵＳの理事をしていますが、もうひとりの理事は伊藤忠の同期でもある船橋力さんです。船橋さんは同じ時期に伊藤忠を退社し、上場企業や学校向けに体験参加型の教育研修プログラムを提供する株式会社ウィル・シードの創業者でもあります。現在は安倍総理の肝入りでスタートした官民連携でグローバル人材を育成する日本初のプロジェクト「トビタテ！留学ＪＡＰＡＮ」のプロジェクトディレクターをしています。私とは真逆で伊藤忠に入る前から社会貢献を意識してそのまま起業し、その姿勢は今もまったく変わらない尊敬する同期のひとりです。世界経済フォーラムの Young Global Leader のひとりであり、BEYOND Tomorrow 代表理事や TABLE FOR TWO International の理事もしています。

また、２０１２年の霞ヶ関新入省行政官研修で参加者たちが作った事業計画書が、私たちの心を動かしました。

過疎地域で持続可能な事業、雇用を生み出す事業をつくる計画が、研修のアウトプットです。彼らが5週間の調査検討の末にとりまとめたアイデアは、「日本の未来をつむぐ家」。全国のこどもが集まってきて合宿しながら体験学習をする、こどもたちがいない閑散期には企業研修を行う、そんな施設をつくるというアイデアでした。

私や油井さんも、体験教室をさらに広げていくならば、多くのこどもを受け入れるための施設が必要だねとちょうど話していたところでした。

事業計画書では、どこか広い土地を見つけて新たな施設を建てることが前提になっていましたが、探したものの、そんな土地はありません。住民の住居の高台移転にしても、土地がないためにわざわざ山を削って場所を確保するほどだったのです。

ところがその提案を受けた研修の最終週のグループが、耳寄りな話をもってきました。「もうだいぶ前に廃校になった小学校の建物が、使われないままになっているそうです。自治体のものではなく、なぜか民間の所有になっているとか」

学校だった建物なら、体験学習の拠点として作りかえるのには最適ではないだろうか。私は事業化へのバトンを受け継いで、その物件の持ち主を探して会いました。「体験学習の場として、よみがえらせたいんです」。願いは通じて、快く譲っていただけることになりました。

その建物は、かつては雄勝町立桑浜小学校という学校だったもので、2002年に廃校になっていました。建物は木造平屋、なんと築93年も経っていましたが、震災では奇跡的に無事で、高台にあるため津波の被害も免れていました。

とはいえ、はじめて中に入ってみたときはぎょっとしました。震災前からのものと思われる、裏手の山から崩れてきたらしい土砂が校舎の中に流れ込んでいて、ひざ下の高さまで積もっていたのです。屋根はあちこち雨漏りするようだし、柱も傷んでいて、どうやら倒壊の恐れもありそうです。

これではさすがに無理かもしれないと思いましたが、そのとき教室の黒板に目を奪われました。そこにはこの学校が閉校になった日、最後の卒業式の日に、こどもたちが書き残したメッセージがびっしりと記されていたのです。「ありがとう、桑浜小学校」「さようなら」「絶対消すな」

ここを選んだのは正解だ、と思いました。この場所には、地域の人々の思い出がつまっているからです。

実際、旧桑浜小学校では、運動会の日にはこの地域一帯の人々がみんな集まって楽しんだのだそうです。三つの浜のこどもたちが通っていた学校で、もともと別の浜同士はあまり仲がよくないなどといわれることもあるそうですが、その三つの浜は桑浜小学校という共通点で結ばれていたことも後に知りました。地域の人たちは歴代の校長先生の名前をしっかり覚えています。浜の寄り合いはかつてすべて小学校でおこなわれてきました。まさに小学校はコミュニティの中心だったのです。

90年以上前から続いてきた、地域の人たちが共有する物語がある場所。その場所を受け継いで、雄勝の新しい物語をつくるのは、とても意味のあることだと私は思いました。

こどもたちのメッセージが記された黒板は、文字が消えない処理を施して保管することにして、私はこの校舎を全面的に改修しようと決意しました。

ぬくもり実行協議会

行政も以前、学校の改修にどれだけの費用がかかるか見積もりをとったことがあったようです。その試算によれば、倒壊の恐れをなくすだけで９０００万円、さらに別途改修費用がかかり、むしろ更地にゼロから建設したほうが時間的にも費用的にも半分でできるということを聞きました。今にも倒壊しそうな建物をわざわざたくさんのお金をかけて修理するなんて、むだじゃないか。そんな声も聞こえてきました。そもそも直したって、こんな辺鄙な場所にだれも来るはずがない、と。

でも、私たちはこれまで「あるものを活かす」でやってきたのです。それに更地から建ててしまえば、この地域におけるこの建物の象徴的な意味は消えてしまいます。新しく建てたものは、地域とのつながりも弱く、地元の人が愛着を持ちづらいものになるでしょう。そもそも「よそ者」の私たちです。地域に根差した施設にするには、地元のみなさんが大切にしてきた地元にあるものを活かし、地元の人たちにかかわってもらうことが必要だと考えました。

「地元の人たちにも入ってもらって、改修作業のための組織をつくろう。そこで、どのような施設があるとうれしいか、どんなネーミングにしたらよいか、みんなで話し合って決めていこう」。こうして生まれたのが「ぬくもり実行協議会」です。人のぬくもり、自然のぬくもりのある施設をつくろう。そんな思いのもと、「雄勝学校再生プロジェクト」（後のモリウミアス）を発足しました。

ぬくもり実行協議会を始めるにあたっては、会長の人選が重要だと思いました。地域の人たちみんなが知っていて、慕われている人が理想です。「それならこの人だ」と私たちみんなが選んだのが、小倉健一郎医師でした。

小倉先生はもともと神戸にいた人で、緊急医療が専門の医師です。阪神淡路大震災での緊急医療でも活躍され、中国の四川大地震の際は日本からの救援団の副団長もされた方です。

東日本大震災が起こった直後、石巻に移り住み、3年間、診療のため雄勝に通っていました。

小倉先生は、浜のおじいちゃん、おばあちゃんの名前をほとんど全員知っています。おじいちゃん、おばあちゃんたちもみんな小倉先生のことを知っています。親身な診察と優しい人柄はみなさんから慕われていました。医師としてだけでなく、まちのイベントにも積極的に関わり、浜中に、5月にはこいのぼり、12月にはクリスマスツリーを立てたりもしていました。毎年恒例となっている「被災地ウォークin雄勝」という語り部から震災当時の様子を歩きながら聞き鎮魂の想いを馳せるイベントも主催しています（2016年3月には150人ほどが参加しました）。数々のイベントも自ら企画し実行されるリーダーシップと人望の厚い方です。

訪問医療も一生懸命されていましたし、雄勝のような小さなまちでは、おばあちゃんたちがお茶を飲んでおしゃべりをするような場所がありません。それで診療所が団らんの場になります。外科手術のようなことはなく、診療して、お薬を出して、おしゃべりをして。小倉先生の診療所は、高齢化の地域のコミュニティのひとつの中心になっていました。

ぬくもり実行協議会の会長就任を小倉先生は快諾してくださり、おかげで「ぬくもり実行協議会」には、漁師や地区会長、役場の方や学校の先生など地域の人たちが大勢参加す

廊下の床をすべてはがして土砂をかき出した。

ることになりました。

手作業の改修工事

私たちは廃校の改修作業をみんなの手作業で行おうと考えました。なんて無謀な、と思われるかもしれませんが、改修をすべて業者の方に頼むと、更地から作るよりもコストがかかってしまうのです。そんなに資金はありません。

それに何より、大勢の人に改修作業に関わってもらえれば、「みんなでつくった施設」ということで愛着もわきます。そして、それだけでこの施設の宣伝にもなります。いいことずくめのように思えました。時間がちょっと長くかかってもいいじゃないか。1年、かかっても1年半もあれば終わるだろう、と。

　こうして、改修プロジェクトが始まりました。地元の人たちや雄勝アカデミーに来てくれる人たちで少しずつ、土砂をかき出すところから始めました。毎月1回、改修イベントとして桑浜小学校の卒業生の方々、下は26歳から上は90歳の方まで参加してもらいました。企業の方々に研修の一環として「学び場づくりツアー」に参加してもらったりもしました。

　はじめに着手したこと。それは、裏山から崩れ校舎の壁を破って廊下や教室まで流れ込んでいた土砂を掻き出すことでした。校舎裏の側溝もまったく見えなくなっており、裏山から斜めに流れ込んだ土砂は膨大でした。

　まずは校舎の裏の土砂をスコップでかき出し、側溝、校舎の廊下、そして教室と土砂を取り除いていきました。廊下にはひざ下ほどに土砂が流れ込んでおり、廊下と教室の床を取り除くとその下にもいっぱいの土砂が堆積していました。途方もない土砂かきからのスタートは今となれば懐かしくも感じます。校舎が2回見えなくなるほど大量の土砂が出てきました。その土砂の山を見るたびに、「人の力が集まればすごいことができる」と感じたものです。

　しかし、素人の人海戦術では解決できそうにない難題が見つかりました。

　土砂が流れ込んでいるだけなら、それをかき出せばいいのですが、湿った土砂に埋もれ

家曳き職人の岡本直也さん（中央）。

ていたせいでしょう、土台が相当痛んでいて、柱も腐っているようなのです。そのため、土砂を取り除いてしまうと、まわりの支えを失った柱が倒れてしまうかもしれません。校舎自体が崩壊しかねない、危険な状態にあったのでした。

「やっぱり素人には無理か。そもそもプロでもこんな状態になった建物を直せるだろうか……」。途方に暮れていたとき、そのことを何かで知った、高知の家曳き職人の岡本直也さんが、「自分にやらせてほしい」と連絡してきてくれました。

家曳き職人とは、家の傾きの修正や、沈下した基礎の作り替え、神社仏閣の修繕などを行う人たちで、ジャッキで家全体を持ち上げて壊れた基礎を直す、といったことができるのです。震災後、建物の沈下修正工事の需要が多いこともあってメディアでも注目されていました。

巨大なトラックに資材をたくさん積んでやってきた岡本さんとスタッフの方々は、校舎の内部を調べて驚きの声をあげました。柱の傷みが想像していた以上にひどい、とのこと。また、教室と教室の間仕切りをはがしてみると柱がなく、このままジャッキで持ち上げると校舎全体が中央で割れてしまう恐れがあるそうです。

しかしさすがは職人で、大工さんに依頼して仮の柱を立て、それから大量のジャッキで安全に校舎を持ち上げて、傷んだ柱の継ぎ替えを行ってくれました。基礎もすべて打ち直し。たとえていえば、93歳の老体の外科手術。現場の匠の技でなんとか成し遂げられましたが、岡本さんに出会わなければ、改修は頓挫していたかもしれません。

香川から駆けつけてくださった建築家・齊藤正氏も、廃校が倒壊の恐れがなくなるまで応援してくださいました。齊藤氏は、震災直後、お風呂にも入れない人たちのために、少人数でも1日で組み立てることができる在来工法を用いた木造のお風呂を届けるというプロジェクト、ZENKON湯（ぜんこんゆ）を発案した人でもあります。

校舎の屋根は20か所以上雨漏りしていたため、その修理も必要です。屋根瓦には雄勝スレートが使われていました。雄勝スレートとは、硯に使われる雄勝石を使った屋根材です。

旧桑浜小学校卒業生のおばあちゃんたちがペンキ塗り。

雄勝石はその名のとおり雄勝で採れる黒くて光沢のある石で、硯の原材料として知られています。

貴重なものなので、スレート職人さんに一枚一枚はがしてもらって、みんなで磨いて、職人さんに使えるか使えないかを判断してもらいました。その数、1万5000枚。一枚一枚、亀の子たわしを使って、冷たい水で磨きました。これだけとっても、途方もなく地道な作業です。それでも、楽しみながら、新しい学び舎に期待を膨らませながら作業してくれる人がたくさんいました。

ほかにも、裏山にうっそうと茂る竹林を伐採してもらったり、地元の赤土に藁を練りこんだものを壁材とした露天風呂を二つ作ったりもしました。かまどやピザ窯も同様に地元の土を使ってつくりました。ピザ釜づくりや、間伐・薪割りなど、普段はやらないさまざまな作業を多くの人に体験していただきました。

旧桑浜小学校の卒業生のおばあちゃんたちも作業に参加してくれました。屋根のてっぺんの部分の色塗りをしたときは、「昔の校舎はこの色だったんだ」「この色でなくっちゃ」と強いこだわりを見せて熱心に作業。その姿をほほえましく思うと同時に、学校に対する愛着の深さを感じました。

1年半あれば終わるだろうと思っていた改修作業は結局、2年半を要しました。ずいぶん遅れてしまいましたが、その間、延べ5000人もの方々が、学び場づくりにかかわってくれたのです。

森と、海と、明日へ

「ぬくもり実行協議会」では、どのような学び舎にするかについて、スタッフや専門家の方と地元の人たちが一緒になって議論しました。

自然と共生する循環型の暮らしを体験でき、サステナビリティ（持続可能性）について学べる場所にしたい。こどもの好奇心や探究心を伸ばせるような場所にしたい。そして訪れるこどもたちに雄勝を第二のふるさとと思ってもらえるような場になるといい。みんなで語り合うなかで、そんな思いが共有されていきました。

施設のデザインに関しては、思いがけないかたちで、海外の建築家の方々もかかわってくれました。芸術や建築を通して社会的なメッセージを発信しているアメリカのディロン・マーティ財団が主催した、「コミュニティウィーク２０１３」というイベントの一環で、世界的な建築家と建築を学ぶ学生たちが雄勝に集まり、廃校を改修してつくる学び場のデザインを考えてくれたのです。

もともとこのイベントが伊勢神宮で行われることを知った支援者の方が、その後に雄勝に来てはどうですか、と提案したことで実現しました。震災で甚大な被害を受けたまちで復興の拠点となる新たな学び場をつくる、という話に、建築家の方々に強い関心を持っていただけたようでした。

アメリカのスタンフォード大学、ギリシャ国立大、日本からは２０２０年東京オリンピックのメインとなる国立競技場をデザインすることになった建築家、隈研吾氏と同氏が率いる東京大学の隈研究室、東京都市大学の教授として建築家、手塚貴晴氏も参加し、世界９大学から建築家と建築学科の学生が集まるワークショップが開催されました。40名ほどでデザインワークショップを行い、新たに生まれる施設の各部屋のデザインを考案してくれました。

施設をどんな名前にするか。これも「ぬくもり実行協議会」で議論した大きなテーマでした。

キーワードをみんなで出し合い、分類したり、組み合わせたりしてディスカッション。マッキンゼーで活躍するコンサルタントでプロボノとして団体設立当初から協力してくれている山川奈緒美さんの巧みなファシリテーションのもと、いろいろな意見が出てきます。「雄勝は海もいいが山もいい」「未来につながるような名前にしたい」「桑浜小学校という名前を入れたい」など。「雄勝」が鍵だと言う人もいれば、「桑小」という言葉をどこかに入れてほしい、と言うおじいさんもいて、実にさまざま。

最終的に、すべての議論を踏まえてコピーライターの後藤国弘さん（ドライブディレクション代表）が発案したのが、「モリウミアス（MORIUMIUS）」。「森と、海と、明日へ」。英語名の最後を「US」と表記することで、「私たち」の意味も含めています。そして雄勝の地形の特徴であるリアス式海岸の「リアス」も文字として入っています。そして、どの季節も満天の星空が見える雄勝。語感としても、なんだか星座の名前のようですてきじゃないか、ということで、みんな大賛成しました。

ブレインともいうべき山川さんや、クリエイティブチームの後藤さんや棟方デザイン事ム所の棟方則和さん、ヘッズの渡部有造さん、ＰＲのプロなど、私たちの活動は多くの優秀なプロボノメンバーに支えられています。

12か月連続達成のクラウドファンディング

みんなで地道につくるといっても、当然ながらたくさんの資材が必要で、基礎にかかわることや建築基準にかかわること、家曳き職人さんなどの専門の職人さんにお願いする部分もあり、それなりの資金が必要でした。

最終的には多大なるご寄付によりモリウミアス ルサイルのオープンを現実のものとしてくださったカタールフレンドシップ基金をはじめ、日本財団、ジャパンソサエティ、三菱商事復興支援財団、東日本復興支援財団、ジョンソン・エンド・ジョンソン、ロート製薬、ベネッセコーポレーション、浦上食品・食文化振興財団、地球産業文化研究所など、ほんとうに多くの企業や財団の皆さまに、資金面だけでなく人的なご支援をいただきました。そしてまた、国内外の個人の支援者の皆さまに支えられておりますことも感謝に堪えません。この場もお借りいたしまして、ご支援くださるすべての皆さまに心より厚く御礼申し上げます。

しかし当初はまったく決まっておらず、走りながら資金を集める自転車操業状態でした。ある方を経由して、支援していただけそうな個人の方に相談したときのこと。「いいアイデアだね」と廃校改修には賛同をいただいたものの、資金提供には首を縦に振ってくれません。その理由が変わっていて、「きみたちなら大丈夫だから」と言うのです。きっと他から集められるから、そうしなさい、と。そんな理由で結局、すぐにお金は集まりませんでした。しかし結果的には、まとまったお金がなかったからこそ、多くの方々に協力を仰ごうということになり、のべ5000人もの方々に関わっていただく余地が生まれたのでした。

当初の資金を捻出するため、そして雄勝に来てくださったことのない新たな方々を応援団として呼び込むために私たちは、クラウドファンディングをすることにしました。クラウドファンディングとは、インターネット上で不特定多数の個人からお金を集める方法です。そのお金を使って実現したいことを説明し、支援を求めるのです。資金を出してくれた人には、金額に応じたギフトを贈ったりします。

目標金額は1700万円。ところが、利用しようとしたクラウドファンディングのプラットフォームでは、1000万円以上を一度に募集することは難しいとされてきました。そこで、「一度に集めようとせず、毎月100万～150万円ずつ、1年間連続して募集したらどうだろう。プロジェクトに継続的な関心を持ってもらえそうだし、月ごとにギフトを変えれば、継続して支援してくれる人もいるかもしれない」というアイデアを採用したのです。

こうして12か月連続のクラウドファンディングが始まりました。

今月はお風呂、今月はアスレチックフィールドなど毎月テーマを決めて募集をかけました。支援者へのギフトも毎回別のものにして、校舎に名前を刻むことにしたり、雄勝の海の幸を届けたりしました。

クラウドファンディングは、期間内に目標金額が集まらなければ、ファンディングが成立しない、つまり1円ももらえない仕組みです。２０１３年9月から始めて、その後の1年間は毎月、目標金額が集まるかどうかでハラハラすることになりました。それでも毎回、ありがたいことに多くの方が支援してくれました。12か月連続で目標をクリアし、合計１７００万円の調達に成功したのです。

12か月にわたって進捗状況を見せながら情報発信を行ったことで、プロジェクトが広く知られ、支援者だけでなく将来の顧客を集めることにもなりました。

他にもプロジェクトの支援者を集めるための取り組みを行いました。そのひとつが、「レストラン・モリウミアス」。都内の有名レストランで、雄勝の食材を使ってシェフに料理してもらい、食事を楽しむことを通じてプロジェクトを応援していただくというものです。クラウドファンディングを行っていたときには、毎月1回開催し、今でも年に何度か開催しています。まずは気軽に参加できる東京で、雄勝の海の幸で「胃袋をつかまれて」、学び場づくりに関わりはじめてくださった方も大勢います。

また、改修イベントも毎月1回、実施しました。壁や床材に塗料を塗ったり、雄勝石の廃材を床に敷き詰めたり、排水を微生物の力で濾《ろ》過するバイオジオフィルターという仕組みを作るために瓦をハンマーで細かく砕いたり。豚舎を作ったり、林道を整備したり、今は雑木林と化した20年前の畑跡地を開墾して畑にしたり、などなど、改修イベントと銘打ってあらゆることを手作業で進めてきました。（ちなみに、この改修イベントは、モリウミアスのオープン後は「学び場づくりツアー」という名前に変わり、現在でも月1回実施し、多くの方々に引きつづき参加していただいています。「モリウミアス」には完成はなく、みんなの手で作りつづけ、進化しつづけることを大切にしています。スペインのサグラダファミリアのように。）

こうして時間をかけて、いろんな人がかかわる機会をつくりつづけた結果、オープニングのころには大勢の人が今か今かと待ってくれている、そんな状況になっていました。

ちなみに、初期に「君たちなら大丈夫だから」と資金提供を断られた人には、施設のオープンが決まってから「おかげさまで資金が集まり、オープンできます」と報告に行き、とても喜ばれました。あのとき資金をいただいていたら、クラウドファンディングをする必要がなくなってしまい、そのため大勢の人とのきずなも生まれなかったでしょう。その方にとってお金を出すのは簡単だったかもしれませんが、お金の代わりに、知恵をしぼるチャンスをくださったのだと思います。

ちなみにその方は、公益資本主義の提唱者で『21世紀の国富論』などの著書も出していらっしゃる原丈人氏です。世界で活躍する実業家でありベンチャーキャピタリスト、考古学者でもある原氏は、国連政府間機関特命全権大使や首相諮問機関の政府税制調査会特別委員、財務省参与など日欧米の公職を歴任されていらっしゃいます。

企業からの強力な助っ人たち

モリウミアスの立ち上げにあたっては、企業から派遣された方々も大きな貢献をしてくれました。

藤原和博先生とのパネルディスカッションに呼ばれたとき、講演を聞いていらっしゃった参加者のおひとりが、「ロートの山田です」とあいさつしてこられました。経営者のようですが見るからに若いので、関連会社の社長さんかなと思っていたら、ロート製薬本体の会長さんでした。山田邦雄会長は気さくでフットワークも軽く、そのとき「すぐ行きますから」と言ったとおり、翌週には雄勝に来られました。2012年7月のことです。

ひととおり私たちの活動をご覧になって、帰るとき山田会長は「今、いちばん困っていること、不足しているものは何ですか」と聞きました。「事業を起こせる優秀な人です。できれば2年、少なくとも1年、優秀な社員の方を貸していただけたらいちばんうれしいです」と遠慮なく要望を伝えてみたところ、すぐにロートの社員の方を出向させてくださることに。

あまりに展開が早いので驚きましたが、そのとき一緒に雄勝を訪問したロート社員の佐藤功行さんはもっと驚いたに違いありません。視察と聞いて会長に同行してきたその帰り道の車のなかで、10分後には雄勝への赴任を命じられたといいます。

1か月後、佐藤さんはやってきましたが、最初にお願いした仕事は、イベントで牡蠣を焼く仕事。8月の暑い日で、汗だくになりながら牡蠣を焼くはめになるとは、想像もしなかったことでしょう。それでも佐藤さんは笑顔でやってくれました。

実は佐藤さんは、もともとロート製薬のなかでも大手クライアントを任されていた、関東のトップセールスマンでした。震災後は仙台に拠点のあるロートの復興支援チームに入り、のちに最年少で室長になって、仙台と雄勝を行ったり来たりしながら、そだての住人のマーケティング担当として、提携先の発掘から販路拡大まで、そして、モリウミアスの立ち上げから改修資金調達、オープン後の運営にも深くかかわってくださっています。

さらにロート製薬が派遣してくれたもうひとりの社員、今村明子さんも大活躍してくれました。佐藤さんが関東のトップセールスだったのに対し、今村さんは人事部も経験し、関西のトップセールスだった人。「じゃまぴー」というニックネームでスタッフにも地元の人たちにも親しまれつつ、モリウミアス立ち上げに奔走してくれました。またモリウミアスでの仕事の傍ら、石巻の加工場の方々にかけあって、仙台で開かれた国連防災会議に雄勝の食材を使ったハラルフード（イスラム教の戒律に則った食べ物）を提供。地元の人たちが考えたことのない販売のアイデアを実地で示したことは、大きな刺激になったようです。

ロート製薬さんにはほかにも、社内のお花見や運動会といったイベントで「雄勝そだての住人」のメンバーから牡蠣やホタテを振る舞わせてもらったり、社内でモリウミアスの説明会を開催させてもらい、現に２００人以上の社員にボランティアで来ていただいたりと、とてもお世話になっています。

ベネッセコーポレーションから出向してきた曽根原千夏さんの存在も忘れられません。

プロジェクトマネジメントの猛者で、オープンに至るまでの1年5か月の期間中、全体のプロジェクト管理を担当してくれました。そのマネジメントスタイルはベネッセの人事担当の方が「猛獣使い」と言っていたのがうなずけるほど厳しいものでしたが、人柄は正反対で、浜の方々にもすぐに溶け込んで、愛されるキャラクターの持ち主です。お酒も強く、飲むとさらに楽しい人に。雄勝アカデミーで夜更けまでお酒を飲みながら語り合う「ソネバー」もよい思い出となっています。

曽根原さんの出向は、もともと個人で来てくださっていたベネッセ卒業生の三好洋子さんがきっかけでした。「ベネッセさんからも優秀な人材を出していただくご相談はできないものでしょうか」とお話ししたところ、「一緒に行きましょう」と会社に呼んでくださり、福武總一郎会長にも会わせていただきました。その後、社内で希望者を募り、応募した候補者全員が雄勝に来てくれて、私たちの方でそのなかからひとりを選ぶ、というぜいたくをさせていただきました。たいへん僭越ながら、選ばせていただいたのが曽根原さんだったのです。

このほかにもたくさんの企業の方々にご協力をいただいて、モリウミアスはオープンにこぎつけることができました。

卒業生がスタッフに

施設ができても、そこで働く人がいなければ運営できません。

キッザニア東京の創業経験もある油井さんがモリウミアスのフィールドディレクター、学校で言う校長先生であり代表としてすべての統括を行うことになりました。幼児教育に造詣の深い北本さんにはモリウミアスのコミュニケーションディレクターとしてブランドづくり全般を、また施設の環境をできるだけ循環型の生態系に近いものにするためにパーマカルチャーの専門家、四井真治さんがかかわってくれることになりました。

こどもたちと一緒に活動し、お世話をするスタッフの募集は、ネットを中心に行いましたが、結果的には人づてで来てくれた人がほとんどでした。これはと思った人を直接口説いてスタッフになってもらった人もいます。

２０１５年４月、オープンが３か月後に迫ったころ、８人の若者がモリウミアスのメンバーに加わりました。雄勝の出身者、東京から移住してきた若者、アジア８か国を旅してきた青年、ホテル再生で有名な某企業に勤めていたいわば事業再生のプロや、元自衛官、現在も大学の非常勤講師をしている人など、さまざまなバックグラウンドを持つ仲間たちが、多彩な学習プログラムでこどもたちの自発的な成長をサポートしていくことになりました。

スタッフのひとり、今野瑠理さんは旧桑浜小学校の卒業生です。廃校になった当時の卒業生で、私が最初に校舎に入ったときに見た黒板にあった、「ありがとう by るり」というメッセージは、彼女が記したものでした。

今野さんは津波でお母さんを亡くしました。震災後は石巻で働いていましたが、廃校改修プロジェクトの存在を知り、ボランティアで参加するようになってから徐々に、ここでぜひ働きたい、と思いはじめたといいます。今野さんは「こどもも大人も学べる場にしたい。雄勝のことを世界中の人に伝えていきたい」と言っています。

ついにオープン！

2015年7月11日。2年半にわたる改修作業を経て、ついにモリウミアスのオープニングセレモニーが開催されました。

駐日カタール大使館やカタールフレンドシップ基金の関係者のみなさま、石巻市の亀山紘市長や教育委員会の境直彦教育長、石巻グランドホテル社長であり石巻観光協会の後藤宗徳会長、雄勝との縁をくださった雄勝中学校前校長の佐藤淳一先生（そのころには仙台

お披露目会には多くの地元の人が集まった。あいさつする私。

市教育委員会に移られていました)、私たちの活動を当初から応援してくださっている藤原和博先生など、多くの方々にご臨席をいただきました。

お祝いでは雄勝中学校の生徒による太鼓の演奏が披露されました。校舎の後ろの山々に太鼓の音が響き渡ります。ニューヨークでの公演も果たし、いっそう堂々としてきた生徒たち。先頭でたたいているのは、4年前に「雄勝復興輪太鼓」の先頭で気迫ある太鼓をたたいていた生徒会長の弟です。かけつけた佐藤先生が、「4年前と重なって見えた」と後で私に言いました。

手作業での改修を始めたときから2年半、多くの人にいわれました。「ほんとうにできるの?」「そんなことができるわけがない、やめたほうがいい」「新しくつくったほうがいいのでは?」「ここにつくったって人など来やしないよ」などなど。ご相談したほぼすべてのみなさんから、やめておきなさいと直接には言わずとも、ネガティブな意見やアドバイスをいただきました。

もし、更地にゼロから作っていたら、素人がかかわる余地はなかったでしょう。結果的に5000人の方々がボランティアとしてかかわってくれて、そのぶん時間もかかったけれど、人と人とのきずなやつながりも広がり、深まりました。「オープンしたら、こどもたち、孫たちを参加させたい」と言う人が、オープン前からたくさんいました。

校庭に響き渡った心が震えるような雄勝復興輪太鼓の演奏を聴きながら、私の目にはこれまでのいろいろなことが浮かんできました。「タヌキも見向きをしないところ」といわれた廃校をはじめて見に来た日のこと、過去2年半に及ぶ改修作業のこと、震災直後の電気も水道もガスもないころに雄勝に入ってからのさまざまなできごと、夏の天の川、冬の満天の星空、船から眺める朝日、暗闇の中で水しぶきをあげて進む船の上を吹く風、季節ごとに変化する雄勝の美しい景色、山から立ち上がる水墨画のような霧、日本全国で出会った人々や震災直後から支えてくださってきた方々、今まで雄勝に来てくださった方々の顔……。

みなさんに見ていただこうと作られた、モリウミアスの2年半を振り返る映像が上映されました。改修作業を始めた当初の様子やこれまでの変遷、かかわってくださった企業や個人、浜の方々のいきいきした表情を撮り貯めた写真や動画が次々と流れると、私だけでなく集まったすべての方々の胸にこみ上げてくるものがあったようです。

スタッフたちの胸にも熱いものがこみ上げてきたのでしょう。卒業生や首都圏の支援者など150人ほどが集まったホール。「世界中から人が集まる場にしたい」「この学び舎は想い出がたくさん詰まった宝物」「やっと今から始まると思うと胸が熱くなる」。スタッフひとりひとりがモリウミアスへの思いを語りました。集まってくださった方々への感謝や意気込みを涙ながらに口にするスタッフもいました。肩を震わせながら涙をこらえて必死に話を続けようとするスタッフに「がんばれ!」「がんばれー!」とホールに集まった人たちから激励の言葉が飛び、そして割れんばかりの拍手がわき起こりました。

7月18日にこどもたちの受け入れを開始。その日、モリウミアスは東京、仙台、福岡から集まった小中学生たちで活気にあふれていました。

震災で多くのものが失われた雄勝。このまちで一度は失われていたかつての学び舎が新たなかたちでよみがえり、今では校庭をこどもたちが元気に走り回っています。地元の方々、廃校の卒業生にとってはなおさら感慨深いに違いありません。モリウミアスの正門前を車が通るとき、多くの方は減速し、今の学校の様子を見ていかれます。

4

生きることは、命をいただくこと

人はつながりの中にいる

モリウミアスのさまざまなプログラム

５０００人の人たちの手によって廃校が生まれ変わり誕生した学び舎、モリウミアス。この場所でこどもたちがどのようなことを体験するのか、少しご紹介しましょう。

次のページの図がモリウミアスのフィールドマップです。小高い山の中腹にある広大な土地に、改修された木造平屋の校舎。庭には野菜を育てる畑や田んぼがあります。向かって左手にはアスレチックフィールド、右手の奥にはキャンプサイトがあります。道路を挟んだ向かいの山の反対斜面には、20年間放置され雑木林となっていた昔の畑を改めて開墾した「モリウミアスファーム」があり、広々とした畑で野菜づくりなどの農業体験ができます。

校舎の裏には杉や植栽豊富な広葉樹の雑木林があります。ここでは下草刈りや間伐などの林業体験ができます。親元を離れてこどもたちだけが参加する7泊８日のプログラムの初日には、伐ってきた木材で滞在期間中に使う自分のお箸をつくる木工の時間もあります。曲がりくねった坂道を下りると、10分ほどで雄勝湾。ここではもちろん、地元の漁師さんのガイドのもと、ホタテや牡蠣、ワカメやホヤの水揚げなど、漁業を体験します。この地域

モリウミアスのフィールドマップ。

の自然環境全体が、こどもたちの学びのフィールドなのです。

漁業体験で講師をつとめるのは地元の漁師さんです。株式会社雄勝そだての住人の代表である佐藤一さん、同社取締役の鈴木晃喜さんも講師を引き受けてくれています。旧桑浜小学校の卒業生でもある現在50代から60代の漁師の方々も講師をしてくださっています。

たとえば、秋鮭の定置網での水揚げを体験した後、イクラを取り出したり新巻き鮭をつくったり、農業体験では古代米の田植えから収穫、手作業での脱穀も行ったりします。間伐、薪割りから自分たちで火を起こしてかまどでご飯を炊き、味噌汁を作ります。大豆を茹でるところから始める味噌づくりや、納豆づくりなど発酵食品を作ったりもします。

ほとんど英語を話せないこどもたちに英語や身振り手振りでダンスを教え、みんなでひとつのミュージカルを作り上げるヤングアメリカンズのワークショップや、フランスはボルドー在住の書道アーティストのMaayaさん（２０１７年のＮＨＫ大河ドラマのタイトル文字を書いた方）によるワークショップも行いました。雄勝はもともと国産硯《すずり》の90パーセントを生産していた国内一の硯の産地でもあることにちなんで、みんなで雄勝硯を使って墨を擦るところから始めた書道アートのワークショップです。こどもたちが黒色の墨で大きな幹と枝を描き、ピンク色の絵具で「笑」の文字を書き、大きな桜の絵ができあがりました。「笑」という漢字は小学校４年生で習うのですが、参加していた小学校１年生のこど

漁業体験。興味津々のこどもたち。

もたちも「笑」という漢字を桜の花びらに見立てピンク色で描きます。終了後、自宅に戻ったこどもたちが「習字を習いたい」「書道に興味を持った」などと話をしているということです。このような地域性を鑑みた創造性を刺激するアートのプログラムもあれば、モリウミアスができる前には、コンピュータを使ったグラフィックデザイン、ドキュメンテーションなどのＩＴ教育のプログラムも行ってきました。

こどもたちが参加するプログラムには１泊２日という短期ものもありますが、次のページの表はモリウミアスの標準的なプログラムである、７泊８日のプログラムの内容と、こどもたちの１日の過ごし方を表したものです。

午前６時半に起床。洗顔と歯磨き、着替えのあとは、自分で布団をたたんでしまいます。ベッドを整え、みんなで清掃。おいしい朝食のあとは、昼食をはさんで午後4時までフィールドワークです。

それから、みんなで夕食の支度をします。漁師さんと一緒に水揚げしたホタテの殻をむいたり、魚をさばいたり、焼いたり、刺身を盛り付けたり。ちなみに、ごはんはガーデンキッチンのかまどで炊きます。こどもたちが自分で火をつけ、火加減を見ながら、できあがるまでじっくりと待つ。釜のふたを開けてわき上がる湯気に歓声をあげます。かまどではご飯だけでなく自家製の味噌で魚介と野菜たっぷりの味噌汁もつくります。

料理が完成したところで、みんなそろって「いただきます」。大きなテーブルを囲んで食事をすることの楽しさを体で表現しながら、相手のことを思って手の届かない場所にある料理を回してあげるなど、こどもながらに、自分でつくることの喜びや、普段は当たり前だと思っている食べ物への感謝などを感じているようです。

モリウミアスではお風呂も独特。ウッドボイラー（焼却炉）でお湯をわかす仕組みになっています。裏山から伐り出し、校庭で斧を使って割った薪を、どんどん投げ入れて火力を調節します。お風呂だけではなく部屋の暖房も、ウッドボイラーで沸かしたお湯が床の下を流れ、温風ヒーターから暖かい風が吹き出すしくみになっています。温風が出てくるところを見せられたこどもたちは、「こうなっているのか！」と納得。建物の構造への

7泊8日のプログラムの概要（一例）

DAY1　モリウミアスへようこそ！
オリエンテーション・アイスブレーク

DAY2　雄勝を知ろう！
旧市街地を歩き、被災地としての雄勝を知る
感じたことを、スタッフやメンバーと語り合う

DAY3　森に学ぼう！
間伐や植樹を通じて森を育てる
木を使って箸づくり
木の実や落ち葉など、森の恵みを収穫。暮らしに活かす

DAY4　海に学ぼう！
漁師船に乗ってホタテや牡蠣、ホヤを水揚げ
漁師との交流を通じて、その物語に触れる
水揚げした魚介を自分でさばいて、食べる

DAY5　田畑に学ぼう！
畑を耕し、種を蒔き、収穫する
旬の野菜で料理。土のオーブンを薪で暖め、手作りピザに挑戦

DAY6　モリウミアスを飛び出そう！
モリウミアスでの学びを活かし行動する

DAY7　未来をつくろう！
モリウミアスに何かを残す
ボランティアを通じ雄勝町に貢献する活動を

DAY8　明日に向かおう！
プレゼンテーション

モリウミアスでの１日の過ごし方（一例）

６：３０	起床・掃除
７：３０	朝食
８：３０	フィールドワーク
１２：００	昼食
１３：３０	フィールドワーク
１５：００	休憩
１６：００	夕食の調理
１８：００	夕食
１９：００	入浴
２０：００	今日の振り返り
２１：００	就寝

興味もわいてきます。

このような、現代の生活では得がたい体験ひとつひとつが、こどもたちにとって豊かな学びになっていきます。

見える化された生態系

モリウミアスの施設の大きな特徴として、自然とのつながりを感じられる構造になっていること、サステナブル（持続可能）な循環する暮らしのあり方を示していることがあげられます。

たとえば、山とのつながりを感じられるように、校舎の山側の壁は全部取り去って、つねに風を感じられるような構造になっています。廊下を歩くとき、外の空気にふれ、風を感じ、鳥の声を聞き、木々の香りを感じるのです。

生態系を「見える化」したような施設環境に、こどもだけでなく保護者の方からも「勉強になります」といわれることが多くあります。

たとえば、校庭にある池（ビオトープ）と田んぼ。モリウミアスのキッチンやお風呂から出る生活排水が浄化槽に流れます。通常であれば浄化槽で浄化された水をそのまま流し

モリウミアスの庭の田んぼ。

てしまうのですが、栄養過多な水ですから、もう一度その水をポンプでくみ上げ、瓦を細かく砕いて敷き詰めた水路に流します。水の中の過剰な栄養が瓦の断面に住み着いた微生物の力で分解され、きれいになって再利用されるる仕組みで、これをバイオジオフィルターといいます。私もスタッフやボランティアの方々と、ハンマーで黙々と瓦を砕く作業をしました。

ここで浄化される水は栄養が豊富。せりやクレソン、空芯菜やずいきなどを植えるととても元気に育ちます。ビオトープには当初メダカを放しましたが、他のさまざまな生き物が自然に集まってきました。すぐにゲンゴロウやアメンボ、ヤゴなども来るようになって、つくってから1年もたたないうちに、生態系ができていました。モリウミアスの排水はすべて、こうした仕組みによって浄化して、海により負担をかけない状態にして流しています。このように、モリウミアスでは、こどもたちが収穫したものを料理してまた土に還し、「食」から「帰」まで学ぶことを大切にしています。

この生態系を見える化した仕組みづくりを担ってくれたのは、ソイルデザインの四井真治さんです。持続可能な暮らしづくりを自ら実践しつつ普及させているパーマカルチャー（永続的な文化という意味で、持続可能な環境をつくるためのデザインの考え方を指します）の専門家です。

人が暮らすことでその土地が豊かになる。このつながりがわかると、バイオジオフィルターの意味もよりよくわかってきます。

四井さんはなんでも手づくりできる人です。日干し煉瓦をつくってお風呂やピザ窯をつくったり、裏山に湧き水が湧いていることを知るとパイプとブロックを使って水を引いてきたり。そのすべてが自然とのつながりを暮らしに活かす発想に立っており、たとえば、校舎の前に田んぼを配置したのも四井さんのアイデア。田んぼに太陽の光がキラキラして、その反射光が部屋を暖めることを想定したものでした。

とにかく「あるものを活かす」達人で、桑浜小時代には金魚の池に使われていた石を集めてピザ窯の下に敷いたり、スタッフが捨てようとしていた石を「捨てないで使おう」と言って、校舎の裏の高台にさりげなく置いてベンチにしたり。それがどれもかっこよくできあがるのです。四井さんのおかげでモリウミアスの魅力は大きく高められたと思います。

ダイニングにある「蓄熱床」も四井さんが考えたもの。窓のそばの床に、硯にも使われる雄勝石の割れたものが敷き詰められています。硯石は蓄熱効果があるため、冬に太陽が出ているうちに蓄熱し、夜間に放出して室内を暖めてくれます。

バイオジオフィルターのように、モリウミアスを取り巻く「見える化」された生態系。フィールドディレクターであり代表の油井さんは、これをうまく活用して、暮らしを通じた自然の循環を感じられる機会を、こどもたちに提供しています。

みんなで山を登って水源を探したあとは、水が流れていく先をくだって海まで行く。そこで牡蠣やホタテの養殖をする漁師さんの仕事をお手伝いしながら、「牡蠣は何を食べているんだろうね？」とこどもたちに問いかけます。雄勝は海と山とが近い里山。雨がふって、山に浸み込み、海に流れて、その水のなかでプランクトンが育ち、牡蠣やホタテはそれを食べる。山の恵みが海の恵みにつながっている、ということをこどもたちは体感します。

裏山の杉林で間伐をするときは、かつて植林された木々がそのまま放置されていると、木が密集したり倒木したりして、地面に日光が行き届かず土壌が荒れてしまうこと、それは鉄砲水など土砂災害にもつながることを伝えます。こどもたちは実際に自然に触れながら、間伐の意味や、人が山と共生するうえで何が大切なのかを自ら感じていきます。

目を輝かせながら油井さんの説明に聞き入るこどもたちの姿を見ると、めざしていた学び場ができたのだという実感がわいてきます。油井さんの指導・助言のもと、今はモリウミアスの「学び」担当スタッフがこどもたちのガイドをしています。

一次産業や自然体験を通して、地域の人と触れ、感じ、気づく。教えるという姿勢ではなく、スタッフもまたこどもとともに学び合っています。

人の暮らしは自然の恵みの上に成り立っている。一方で地震や津波など自然の脅威もある。そのどちらもが自然の真実の姿であることを、モリウミアスでの体験を通してこどもたちは感じ、気づき、学んでいきます。

いただきます、有難豚

生態系のつながり、人の暮らしと自然とのつながりを学ぶ一環として、豚の飼育もしています。モリウミアスの裏手、昔は教員宿舎があったという平地と山裾に柵をつくり、広々とした環境で豚を育てています。

育てた豚は出荷し、最後には食べるのです。命をいただくことへの感謝を込めて。津波で生き残った豚「有難豚（ありがとん）」という銘柄豚の子孫たちです。

半自然放牧的に飼育された豚たちは私たちスタッフによくなじんで、手をたたくと寄ってきて、「なでてよ」という調子で、おなかをゴロンと見せて寝ころびます。まるで犬みたいなその姿に私たちは微笑ましく感じ、一方で家畜とペットの違いとは何だろう、などと考えさせられたりもしました。

豚の飼育は、時期を過ぎた野菜ややむなく食べ残したものを循環させるという意味でも役に立ちます。モリウミアスでは、基本的には「好き嫌いなく食べよう」と促しますが、こどもによってどうしても食べられないものや、お腹がいっぱいになってもう無理、ということもあります。そんなときは、配膳台に置いた「ごめんなさいボックス」へ。豚に食べさせられるもの、食べさせてはいけないものをこどもたちで分別して入れて、あとで豚に食べてもらいます。

おがくずの上で有難豚を飼育することにより、糞尿は微生物の力を借りて堆肥になって、それを私たちは畑の土の肥料にしています。豚小屋というと臭いとイメージする人も多いでしょうが、モリウミアスの豚たちは半放牧状態で、おがくずの中に住む微生物（枯草菌）によって糞尿が分解されるため、ほとんど臭くありません。微生物が育んだ土は掘り返すと温かく、冬の寒い日は、豚たちは土を掘ってそこに寝ています。

２０１５年の11月、その年の夏から育ててきた5頭の豚のうち4頭を出荷しました。はじめてモリウミアスに来たときは20～30キログラムだった豚たちは、半年で１００キログラムにまで成長し、出荷したときは１２０キログラムになっていました。

不思議なことに、豚は出荷されるとき、身の危険を感じるものだそうです。泣き叫んでトラックに乗ろうとせずに大変だという話を聞きます。しかし、モリウミアスで育てた豚たちは、人の後を追ってついてきて、いざ出荷というときも、トラックの階段を上って、荷台に上がってもなお、人に寄り添ってきていました。人に愛情を込めて育てられた豚は、人に恐れを抱かない。「生きている間、どれだけ幸せな時間を過ごすか、これが豚や家畜にとって大切なこと」と養豚家の方から教えていただきました。そんなことも私たちにとって新たな学びでした。

「出発で人が悲しそうにしていると、豚は敏感に感じ取ります。感謝を込めて、悲しい雰囲気でなく送り出しましょう」。養豚家の方の言葉を受けて、みんなで手を振って出荷しました。豚たちはこれから屠殺され、食肉となるのです。食肉処理場の方いわく、人に愛情をかけられて育った有難豚は、屠殺の瞬間まで人に寄り添ってくるそうです。

幼いころに私が育った家では、川の対岸に家畜の牛や豚が飼育されており、出荷に際して牛が涙を流し、豚が鳴き声を上げる光景を何度となく目にしたことがありました。しかし、モリウミアスで育てた豚たちを出荷した夜は、それまで味わったことがない、なんとも表現しがたい複雑な心境になりました。

やがて、出荷され、「有難豚」の1頭、チャイリーという名をつけた豚が肉の塊になって届きました。

今まで飼育していた豚の肩ロースやロースの塊に、包丁を入れる。網焼きで食べられるサイズにカットし、皿に盛りつける。カットされたロース肉が煌々と燃える炭火の上の網に置かれると、香ばしい豚肉の香りが立ち込めました。

命をいただく、ということ。命を取り込み、自分の血肉としていくこと。今まで以上に、心を込めて、祈るような気持ちで、「いただきます」を言おう。そのような感情がわいてきました。

「いただきます」。だれもが知っている言葉なのに、そのほんとうの意味を感じたことは、もしかしたら少ないかもしれません。モリウミアスでは、この言葉のほんとうの意味を心から感じることができるような暮らしを、こどもたちに体験してほしいと思っています。

おいしい食事は人を呼ぶ

食事といえば、私が食にとてもこだわりを持っていることは、これまでの内容からおわかりいただけると思います。

私は一貫して食にかかわる仕事をしてきました。震災地でも最初は炊き出し、給食、ケーキを配る活動から始めたのでした。雄勝は海の幸が豊富。銀鮭、ホタテ、アナゴ、ホヤ、ウニ、牡蠣、あわび、ワカメ、カレイにヒラメ、アイナメにブリなど、おいしいものがたくさんあります。

おいしい食事には人を引きつける力があります。私は「胃袋をつかむ」と表現しています。モリウミアスでは、準備段階からたびたび食にかかわるイベントを開いてきました。東京都内でまだ雄勝に来たことのない方々が行ってみたいと思うきっかけづくりや、雄勝の応援団の方々へ経過報告するためにほぼ毎月開催しているイベント、「レストラン・モリウミアス」があります。雄勝の海の幸をこれでもかとふるまいます。イベントの途中では活動紹介も行い、最後にお見送りする際には案内チラシや冊子を配ります。そうやって、食を通じてより多くのご縁が広がってゆきました。

期待以上のものを出す、ということを心がけています。復興庁の大臣や観光関連企業の関係者など30人ほどが視察に来られたときのことです。1時間半見学してもらって、では昼食にということになりましたが、出てきたものにみんな目を丸くしていました。

壊滅的打撃を受けた震災地の、廃校を修復した施設ということで、おそらくアルマイトのカチカチするお椀やら、プラスチックのスプーンなどを想像されていたのかなと思います。でも実際に出てきたのは、雄勝石の粉を釉薬に使った福島県浪江町の大堀相馬焼の美しいオリジナル食器に、国産材を使ったお椀や箸。テーブルを埋め尽くすほどの数々の料理。

「ホテル以上のインパクトでした」とあるホテルの社長は言っていました。「こういうところと競うぐらい、ホテルもレベルアップしないといけない」とも。

大人の方々には、刺身盛り、揚げ物、煮物、蒸し物、雄勝の旬の食材を使い和洋中さまざまな料理を出します。インパクトを高めるために、同じ素材でもバリエーションをもっていろいろなメニューを出したりもします。旬を感じ、五感に訴えかけ、記憶に残るメニューを心がけています。

食事の後片づけをしている際、「毎日が運動会のようですね」「受け入れを大変だと思ったことはないのですか」という質問をいただきました。大変以上に、また来たいと思っていただきたい気持ち、そして多くの方々が集まってくださることに感謝する気持ちのほうがまさっているのかもしれません。

そう、私たちがつねに大切にしていることは、来てくださった方に「また来たい」と思っていただくこと、「だれかを連れて来たい」と思っていただくこと、そして目の前のおひとりの後ろには100人以上の人がつながっているということを忘れないこと。だからこそ手を抜かないのです。身の回りや施設の整理整頓から、食事の一品一品に至るまで。

「丁稚生活」で学べること

モリウミアスでは共同生活もひとつの特徴です。7泊8日のプログラムでは、期間中、こどもたちは親に会わずに生活します。携帯電話も使わないのがルールです。

こうしたスタイルは大人でも基本的に同様です。企業研修でも私たちが寝泊まりをしている「雄勝アカデミー」では共同生活。期間中、参加者たちは料理、掃除、何でも自分たちでやります。

あるとき、秋山木工グループ代表の秋山利輝さんとご一緒する機会がありました。秋山木工はオーダーメイドの家具を製作し、迎賓館や国会議事堂、宮内庁などでも採用されている横浜の家具製造会社。この会社はまた、「丁稚制度」と呼ばれる独特な社員研修制度でも知られています。「厳しい集団生活こそ、職人として必要な人間性や技術を養う場となる」というのが秋山代表の考えです。ご自身の経験に基づき、厳格な規則のもと人材教育を行っておられます。「手先が器用な丁稚よりも、手先は不器用でも人間力のある丁稚のほうが将来的に伸びる」。そんな話が印象に残っています。

秋山代表のお話を聞いて、雄勝での私たちの暮らしも実は丁稚生活のようだなと思いいたりました。大学生や社会人インターンを過去のべ100人ほど受け入れてきましたが、もしかするとインターンではなく「丁稚」と言ったほうが正しいのかもしれません。

秋山木工ほどではありませんが、雄勝アカデミーでも、掃除、洗濯、料理、整理整頓、挨拶、振る舞いなどについては、私は小姑のように口うるさくスタッフに言っています。靴はそろえる。食事時ひとつとっても、ご飯は左、味噌汁は右。茶碗やお椀の縁に人差し指をかけて食べない、きちんと持って食べる。器に手を添えて食べる（片手をテーブルの下に置いて食べる人へ）。洗濯物は角をそろえる。掃除は毎朝する。ごみやホコリは気づいたときにすぐに拾う。とくに台所と冷蔵庫はいつもきれいに、いつまでに食べるかを考えて腐る前に食べきること。押し入れやタンスの中など、見えないところも普段から整理整頓と言い続けます。数日不在にして戻ってくると、私が一番初めに必ずやることが冷蔵庫の整理とすべての部屋の清掃です。来た時よりも美しく、をモットーに、自ら率先しスタッフに背中で伝えています。
「そこまで細かくやらなくても」とか「どれくらい意味があるのか」と思う人もいるかもしれませんが、このような行動のなかで、日々の暮らしを整えることを学び、実践し続けることが大切だと思っています。凡事徹底。掃除や整理整頓のレベル感を合わせ、ともに生活する人の食事の様子、健康状態も含めて、お互いを思いやりながら働き、暮らす。そのようなていねいな暮らし方が、他の人とよい関係をつくること、自然と調和して生きることにつながると信じています。この日々の積み重ねが未来につながっていくと思うのです。

できないよりは、できたほうがいい。モリウミアスのスタッフには、だれも見ていないひとりのときでも手を抜かずにできるような人になってほしい。そんな思いで、私自身も丁稚さながらに動き回っています。

企業研修などで雄勝アカデミーに滞在する人には、あれこれと指示はせず、「来たときよりも美しく」というモットーと、掃除用具の場所だけお伝えして、「あとは何でも自由に使ってください」と、自主的な行動にお任せしています。

自主的な行動といえば、学生にも社会人にもときどき見られる、少し気になる傾向があります。たとえば、こんなやり取りが起こります。研修生が、食事時に水差しを持って私

雄勝アカデミーの台所で。研修参加者に魚のさばき方を教える。

に聞きます。「水はどこにありますか？」。私は台所の水道蛇口を指さし、「ここの水はおいしいので飲料水は水道の水を飲んでください」。そして食事のあと、水が少し残った水差しを持った研修生が、「この水はどこに捨てればよいですか？」「台所に流してくださ い」と私。ほかにも、「ティッシュ使っていいですか？」とか、ごみを集めたチリ取りを見せて「これ、ゴミ箱に捨てていいですか」など。つまり、何かにつけて許可を求めたがる傾向があるように感じています。

「来たときよりも美しく」だけがルールで、他は何でも自由に使っていいとお伝えしているのですが、それでも逐一、つい許可を求めてしまう。もちろん、自分で状況を判断して行動する人が大半ですが、なかには日頃の仕事や生活のなかで、指示されること、許可を求めることに慣れてしまっている方もいるのだろうと思います。

もっとも、来たばかりのときは何かにつけて許可を求めてくる人も、お帰りになるころには、自分で考えてさっさと動くようになっています。だから、だれでも本来はできるのです。雄勝アカデミーやモリウミアスでの暮らしは、その本来の感覚を取り戻すきっかけになるようです。現在の雄勝アカデミーはモリウミアス男子スタッフの社員寮になっています。

過去とのつながり、未来とのつながり

2015年7月のオープンから1年間で、モリウミアスには延べ2000人のこどもや大人がやってきました。この期間内でもすでにリピートしてくれたこどもも多く、目標としている数値にはまだ到達していませんが、私も油井さんも、スタッフのみんなも、大きな手ごたえを感じています。課題は冬場の閑散期と認識し、2年目以降は冬場の対策を1年前から着手しています。

モリウミアスで過ごしたこどもたちを見ていると、普段の生活とは違った経験から我慢

する力が付いたり自信が芽生えたりと、日毎に表情が輝いていきます。そのことは保護者の方も感じてくださるようで、「こどもがたくましくなって帰ってきた」といった声をよく聞きます。「いろんなことを自分で進んでやるようになった」「ひとまわり成長したように感じる」「自分で食器を下げたり、残さず食べるようになったり、生活習慣がしっかりしてきた」「戻ってきてから、ずっとモリウミアスやスタッフの話ばかりしている」「生きることを学んだと言っている」など。

また、不登校のこどもや、友達とのコミュニケーションが苦手で学校で孤立しているといった悩みをもっているこどもも、これまでに何人もモリウミアスに来ていますが、そうしたこどもの保護者の方からも、「こどもが楽しそうにしていた」とか「モリウミアスで友達ができて、うれしかったみたいです」「こんなに一生懸命に楽しそうに話をするこどもをはじめて見た」といった声を聞きます。

不登校のこどもといっても、私が見るかぎりでは、他のこどもと変わりません。きわめて普通で、笑うし、はしゃぐし、体験学習に興味をもって取り組みます。そんなこどもの姿を見ると、問題を抱えたこどもといってもほんとうは問題などなく、たまたまその地域、その学校に、そのこどもとは相容れないものがあっただけではないだろうか、という気がしてきます。

人がその人、その人の本来もっているそれぞれの特性に気づき、本来もっている感覚を取り戻す。モリウミアスでのこどもの体験でも、雄勝アカデミーでの大人のための研修でも、人々が体験するのは、そういうことかもしれません。

日常では得られていない体験を通して、自然とのつながり、人とのつながりを感じ、自分の内側にあるものに気づき、自分を形作っているものに気づく。自分という存在が大きなつながりの中で生きているということに気づくとき、人の生き方は変わりはじめるのかもしれません。

築93年の廃校を改修して生まれたモリウミアスは、この地域の過去と未来をつなぐ場所でもあります。地域の人々のきずなを土台として、地域外の多くの人も含めた新たなコミュニティが生まれています。そしてそこから、未来の地域のあり方が、少しずつ見えてきているように思います。

一度、モリウミアスに奈良・吉野から林業に携わる方が来てくれたことがあります。50年、100年先の未来のために山を守り、木を育てる林業は、自分が生きているあいだに完結することのない、壮大な時間軸での営みです。それは「人づくりに重なるところがある」といわれ、ハッと腑に落ちました。

「今があるのは、自分が生まれる以前の人が、未来の人のことを想ってくれたからだ」

ということ。自分の生まれる前から受け継がれてきて、自分が生きている間には完結することのない林業や天然更新する森の営みは、そんな過去と未来に対する意識につながります。こどもたちにもそんなことを感じてほしい。そう思って、モリウミアスでも林業体験を行っています。

モリウミアスから歩いて15分ほど、雄勝の半島の先端に、白銀神社という小さな神社があります。うっそうと茂った木々の間につづく熊野古道のような小道があり、登っていくとやがて視界が開けて、神社が現れます。振り向けば、海の向こうの牡鹿半島の先に、神域として歴史的に信仰の対象になってきた金華山が見えます。金と銀、その金華山と対をなす白銀神社もまた、どこか霊的な、神秘的な空気をたたえた場所です。

雄勝には雄勝法印神楽という、修験者が起源となっている舞が残っています。法印というのは山伏、つまり修験者のこと。修験者たちは海に面した標高500メートルほどの山にこもって修行をしていたそうです。山々に囲まれたリアス式海岸の深い入り江は修験者にとって、生活の場であると同時に、山と海の自然と向き合うことで精神を鍛練する場であったようです。

昔の修験者たちもまた、自然の恵みに感謝して暮らしながら、ときとして自然の脅威に向き合い、自然をおそれ敬いながら、未来を紡いでいったのでしょう。

震災直後、毎日のように炊き出しをしていたころ、一緒に活動していた仲間のひとりが、海を見ながら、こんなことを言いました。「海岸線に吹くこの風の音を聞いていると、亡くなった方々の声が聞こえてくるようだ。無念の想いでお亡くなりになった方々が、あとはお前たちに託した、自分たちの分までしっかりやってくれ、と言っているように聞こえる」と。

もうひとつ、忘れられないある日の朝があります。震災前の雄勝では、お盆のときに浜ごとの家庭で灯篭をつくり、それぞれの浜から海に流していたといいます。震災後は大学生ボランティアの力も借りて、２０００個ほどの灯篭をつくり、船の上から流すようになりました。５隻の船の上から湾内に流された赤と黄色の灯篭は、真っ暗な夜空のもと、ゆっくりと水面に散ってゆき、湾内に幻想的な光景を生み出します。

震災から3年目の灯篭流しの翌朝、山本圭一さんと小さな船外機艇で静かな湾内から外海近くまできれいに点在した灯篭を回収しながら、山本さんとの出会いやこれまでの雄勝での出来事を思い返しました。震災後すぐに車に飛び乗ってきてくれたのが山本さんでした。それ以来、一緒に多くの活動をするなかで、いろいろなことを教えてもらってきたように思います。感じて動くということ。今を大切にするということ。山本さんはじめ多く

雄勝の海に漂う灯篭。

の方との出会いを顧みて、改めて感謝の念がわいてきた朝でした。
　私たちはだれもがつながりの中で生きている。そのことに感謝し、どんなことがあっても、今を大切にし、未来のために今できることを精一杯やりきる。雄勝の海を眺めていると、そんな想いがわいてきます。

5

ひとりの生き方が、
みんなを動かす

小さな変化を集めよう

急逝した大親友

私には高校時代からの大親友がいました。松本亜紀夫といって、「マンボ松本」という名でオルガニストをしていました。自ら作詞作曲し、全国各地でライブをして、CDもDVDも出して、仕事と生活を楽しんでいましたが、奇しくも震災から2か月後、急性心不全でこの世を去りました。

高校の3年間、それから別々の大学に進み、社会人になってからも20年あまり、毎年、大晦日を一緒に過ごしていたほどの仲良しでした。京都で過ごした大学時代、音楽サークルをやっていた松本は、卒業後、一度は印刷会社に就職しましたが、夢を忘れられず5年で辞めて、ミュージシャンとして生きていく決断をしました。

ソロやバンドを組んで各地を巡業、東京に来たときは私の家に泊まったりもしていました。都内でライブがあればよく観に行きました。本拠地の関西とは異なり観客は多くなく、せいぜい20人ぐらい。それでも笑顔で楽しそうに演奏し、歌う松本の姿が鮮やかに記憶に残っています。

進んだ道はまったく異なっていたのに、不思議と気が合いました。自己表現のやり方が違うだけだ、という意識がお互いにありました。松本の自己表現は、メロディーを生み出し、歌詞をつむぎ、リズムを刻み聴衆を楽しませること。私は、事業をつくって、事業を通して人に喜んでもらうこと。

そんな彼が突然いなくなった。２か月前には東京の私の家に泊まりに来ていたのに。41歳の若さで。それまで震災地で数多くの死を意識してきたとはいえ、自分にとって身近な人が突然この世からいなくなるということの衝撃は、やはり大きなものでした。

また、東松島市で車に乗ったまま津波で流され亡くなった親戚もいます。私よりも10歳ほど年上。年老いた母を残して息子が先立つという不幸、人生これからという時にどんなにか無念であったと思います。

人間の一生はあっけない。そんな思いがしました。人生の35か年計画を立てて、50歳でこうなる、60歳でこうなると考えていても、その前に明日どうなるかもわからない。そんな危うさを、人は必ず、だれもが持っているんだ、ということに改めて気づかされたのです。

未来のことより、まず目の前の人。私がひとりひとり、声をかけて雄勝に案内し、活動にまき込むことにこだわりだしたのは、そのころからだったと思います。そして大親友がそうしたように、私も自分の心にしたがって生きようという思いを強くしました。

２０１５年夏、モリウミアスを訪れたアメリカのジャズの演奏家の方々が、ウッドデッキでプライベート・コンサートを開いてくれました。校舎の左右と後方を山に囲まれたモリウミアスは、いわば天然の音響効果をもっているようです。モリウミアスのオープニングセレモニーで行われた太鼓演奏の際にも、「これほどよい野外ホールはない」といわれたほどです。ジャズライブでは、楽しそうにスイングしながらキーボードを演奏する奏者に松本の姿が重なりました。手のひらが温かくなり、人のぬくもりのようなものを感じた瞬間でした。

母が教えてくれたこと

大親友の短かった人生の、心にしたがった生き様は、雄勝に移り住んでまったく先の見えない道に踏み出そうとしていた私に、あれこれ考えず、ただ感じるままに、心の中からわき上がるエネルギーを信じて一歩踏み出すよう背中を押してくれました。

ひとりの生き様が、まわりの人の生き方を変えられることがある。そう考えるとき、私は自分の生き方、行動指針にだれよりも影響を与えてくれた存在として、母親のことを思い出します。

母から学んだことはさまざまです。人には勉強ができることよりも大切なことがある。靴はそろえる。食べた食器は出しっぱなしにせずすぐに洗う。洗濯物の向きと角はそろえる。家はつねにきれいにしておく。台所とトイレはとくにつねにきれいに。トイレや洗面台を使った後は次の人のために拭く。落ちているごみは拾う。だれも見ていなくても拾ったお金は交番か持ち主に届ける。こどもには生き様を見せる。かっこ悪くてもなんでも一生懸命にやる。何があっても何が起こっても笑う、笑い飛ばす。損して得取れ。ボロは着てても心は錦。元気なあいさつ。目を見て話す。狭い分野でも小さくてもトップに立つ。中途半端がいちばんいけない。……母の言葉は自分の行動指針にＤＮＡのようにしみ込んでいます。

私が生まれたとき、母は父の事業を手伝っていました。事業があまりに忙しかったため、私は生後90日で親戚に預けられ、そのまま小学校に入るまでそこで育ちました。小学校低学年のときに、すでに父と別れていた母のところに戻って、弟妹とともに暮らしはじめました。

母はつねに明るく、何があっても笑う人。こどものためにできることはすべてやるという覚悟がありました。こども３人、母ひとり、貧しくて生活保護を受けている母子家庭です。朝起きるとスーパーの品出しの仕事をして、知り合いの仕出し屋を手伝い、夕方いったん帰宅して夕食を準備してから、今度はキャバレーで働き、帰ってくるのは午前1時半か2時ごろ。そんな生活を、ずっと続けていました。

それでも、いつも私が目を覚ますと、朝ごはんはちゃんとできていました。お弁当が必要な日は必ず作られていて、もちろん夕食もちゃんとつくる。食には手を抜かない。それが、のちに知人の仕出し屋を譲り受けて仕事をするようになった母の流儀でした。

住んでいた家は4畳半と6畳の2間のみ。台所のシンクは石で、その狭い空間で母は、いろいろな料理を器用につくっていました。もちろん豪華な料理ではありませんが、そのときあるもので工夫して、おいしく食べられる食事をつくってくれていました。そして、つねに家はきれいに掃除されていました。「ボロは着てても心は錦」。母は口癖のように言っていました。

そんな家庭でしたから、家の手伝いをするのは当たり前、むしろこどもは労働力でした。テレビを見るときは、さやをむいたり、ゴボウをそいだり、蕗《ふき》の皮を剥いたり。同時に何か作業をする、という習慣はそのころに身についたのかもしれません。

母は尋常ではないタフさ、メンタルの強さを持っていたと思います。いつも笑っていました。しかし、こどもたちの手を引いて川に飛び込み無理心中を考えたこともあったようです。橋の上で「もう限界、これで最後、これ以上苦しまなくてよくなるのか」、そんな母の心の声が聞こえてきました。それでも思いとどまってくれたおかげで今の私たちがいます。今だったら失踪してしまいそうなくらい過酷な状況。そんななかで育った私は、おかげで多少のことでは動じなくなりました。

勉強しなさいと言われたことがありません。塾や習い事にも行ったことがありません。ゲームや漫画本もありません。言い出せるような余裕もなかったというのがこどもながらに感じていたことです。なければないなりに、川や田畑、海で遊ぶ、あるいは空き缶や棒だけで面白い身体を使ったゲームを考えて友達と遊ぶ、楽しむ。あるもので何とかする。そして最大限楽しむ。そうした姿勢はこどものころに培われたのかもしれません。

通った中学は荒れていましたが、みんなで同じ高校に行こうと仲間を誘い、放課後に一緒に勉強。競い合いながらゲーム感覚でやっていたら成績が上がって、その年の高校進学の実績に先生たちは驚きました。市内ワースト1位の中学がわずか1年で市内31校中7位まで平均点が上がり、毎年ひとり入るか入らないかという東北一の進学校、仙台二校に12人も合格したという快挙を成し遂げたのです。一見つまらないことでも、あるもので楽しめるように工夫してやれば、うまくいく。そんなことを感じたのは、これが最初だったかもしれません。

私の大学進学はスムーズには行きませんでした。現役で受からず、予備校へ。特待生として授業料がタダだったのはよかったのですが、次の年も受からず、二浪してしまいました。それも当然で、1年目には勉強する気が起こらず居酒屋のアルバイトばかりしていたのです。2年目にやっと勉強してなんとか大学に入れましたが、しんどい1年でした。大学にも行けず、働いてもおらず、社会にも母親にも申し訳なく思っていました。

大学卒業後、商社に就職し最初にしたこと、それは母のためにマンションを買うことでした。今まで貸家にしか住んだことのない母にもう引っ越さなくていい家をプレゼントしたかった。それは、自分を生んでくれたこと、育ててくれたことへの感謝の気持ちでした。残念ながら、震災で大規模半壊になってしまいましたが、それが私の人生を大きく変えた支援活動の最初の拠点となったことを思うと感慨深いものがあります。

また母はビジネスの原体験を与えてくれました。小学生のとき、うちではお小遣いなどありませんでした。お小遣いがほしかった私は、好きな釣りをして自分で稼ぐという経験をさせてもらいました。ある意味リアルなキッザニアとでもいいましょうか。早朝、自転車で海まで行き、いちばんよく釣れるハゼを釣ってきて、骨をとり天ぷら用に開いて、仕出し屋の仕事をしている母に売るのです。朝だけで型のよいハゼが100匹ほど釣れることもありました。売り上げからエサ代と仕掛け代を引けば、残りがお小遣いになります。それが私にとって最初の「商売」でした。秋になれば、イナゴをとって、米袋に入れてキロ単位で地元のおばちゃんたちに売っていました。イナゴは原価ゼロなので売り上げすべてがお小遣いになります。手を出してポンとお小遣いをもらうより、はるかにリアリティのある経験でした。

振り返れば、けっして恵まれていたとは言えない、むしろ過酷な環境で育ったのだと思いますが、ある意味では私はとても恵まれていたのだと思っています。母の生き様を見させてもらったこと。あるもので何とかやりくりすること。どんな状況でも笑い飛ばし、今できることを一生懸命、心を尽くしてやり切る。そんな生き様にふれたことが、どれだけ今の自分を支えてくれているか。感謝してもしきれません。

自ら考え、行動する

モリウミアスにやってくるのは、小中学生のこどもたちだけではありません。インターン生として大学生も受け入れています。彼らには、雄勝アカデミーでスタッフ同様に共同生活、「丁稚生活」をしながら、こどもたちのお世話などをしてもらいます。

「引きこもりの息子をインターンとして受け入れてもらえないでしょうか」といった相談を受けたことが何度かあります。保護者の方は大企業の役員をしているような方で、恵まれたしっかりしたご家庭のようですが、もう何年も引きこもってしまっているのだとか。

何年も引きこもっていた人ですから、雄勝アカデミーに来ても、すぐに変わるわけではありません。起床時間に起きられないことも、掃除や整理整頓に気持ちが入らないこともあります。朝、起きてこないときには、そのままにして私たちは活動を開始します。ここでは「自律」が基本。冷たいようですが、だれかに言われて動くのではなく、自分で動くことを体得していかなければ、自発的な成長にはならないと考えているからです。

引きこもりやニートといわれる若者も、しばらく生活するなかで、掃除に加わるようになり、自分で掃除や整理整頓を始めるようになり、少しずつ、本来もっているはずの感覚を取り戻していくようです。

そのような人と接していて感じることのひとつは、恵まれ過ぎていて、本来感謝するべきことが当たり前のことになってしまっている、当たり前の基準値が下がっている、ということです。掃除も食事も洗濯も、すべてだれかにやってもらうのが当たり前になっている。雄勝アカデミーでは、すべて自分でやります。コンビニが隣にあるのが当たり前かもしれませんが、私たちが暮らしている場所からはコンビニに行くには車で片道30分はかかります。そんなところで生活していると、引きこもりの若者も、そうでない若者も、日頃の暮らしがいかに恵まれているかを感じ、感謝心が増すようです。

もうひとつ感じるのは、指示されすぎていて、自分で考えて行動することが億劫になっているのではないか、極度に失敗を恐れているのではないか、ということです。ここにあるものは自由に使ってくださいと言っているのに、何でも許可を求めて、安全な道を行こうとするのはその一例です。

前にも書いたように、漁師さんは仕事のなかでとくに指示を出しません。だれもが状況を見て何をするべきかを自分で考え、動く。その仕事ぶりにふれ、ともに作業するなかで、指示待ち型のマインドが切り替わり、自分で感じて、動けるようになっていきます。まわりへの気配りもできるようになり、やがてお客さまから「感じのいいスタッフさんですね」と言われるようにもなる。そんな人の変化は、実際にたびたび起こっています。

心の瞬発力

「元気をもらいました」。雄勝に来た人は、よくそんなことを言います。

不幸にして津波で家族や親族、家や仕事場を失った人たちが、それでも懸命に、一日一日を大切に生きている姿、本気で生きている姿、笑顔で生きている姿を見ると、だれもが「人間は強い」、そして「毎日の当たり前の生活がいかに感謝に値するか」ということを心のどこかで感じ、これまで経験したことのない感情に心を揺さぶられるのかもしれません。それが人を元気にするのでしょう。

一方で、講演などでお話しすると、若い人から「お話を聞いてとても感動しました」、そして「どうすれば一歩を踏み出せるのでしょうか」といった質問をされることがよくあります。「一度、雄勝に来てみてください」と私はよく言うのですが、それは本気で生きている人たちの生き様にふれることが、なによりもよい刺激になる、その人の背中を押すことになると思うからです。

人の内側からわき上がるエネルギーにふれ、何かを感じて自分も一歩踏み出す。そんな経験をしたことは、あるでしょうか。

心の瞬発力というものがあるとするならば、「なかなか一歩を踏み出せない」という悩みをよく聞く現代は、心の瞬発力が極端に低い、いわばテンピュールマット（低反発マット）のような状態にある人が多いのではないか、と思うことがあります。ゆっくり凹んで、もとの状態にゆっくり戻るだけ。反発する力が働かない状態です。

行動に移せない原因は、あれこれと考えすぎる、あるいはすべてのことに正解を求めてしまい、目をつぶって一歩踏み出してみる、先が分からないことを楽しんでみる、という経験が足りないのかもしれません。だからこそ、雄勝での体験は大きな意味を持つのだと思います。

心が喜ぶ働き方、心が喜ぶ仕事をしよう

「それで、おまえはこれから、どうするつもりなんだ?」

雄勝で活動を始めてしばらく経ったころ、昔の職場で上司だった人に会って近況を話したとき、おもむろにそう問いかけられました。「立花は、いつビジネスの世界に戻ってくるんだ?」

今もビジネスの世界にいるんだけどなあ……と思いましたが、公益社団法人やNPO的な仕事はどうしても、「ビジネスの第一線」や「本流」から外れたもののように思われることが多いです。

親切にも「某社の社長のポジションがあるから、やってみない?」などと誘われることもあります。ありがたく思いつつも、私の心は動きません。すると彼らは、「人にはそれぞれ、活躍するべき場所があるんだ」と言います。「そこを見極めてほしい。40代は50代につながる時期だ。40代は経験的にも体力的にも、いちばん活躍できるときだよ。この時期を今のようにして過ごすのは、今までのキャリアとしてもったいないんじゃないか?」

など。ありがたいお話ではありますが、やはり、私の心が動きません。
「これからどうするのか？」と聞かれれば、「今の延長線上」と答えます。新たに取り組みたいことはどんどん出てきます。モリウミアスでも、漁師の会社でも、その他の分野でも、さらに新しい働く場、仕事をつくっていきたい。雄勝に来たい、雄勝のあの人に会いたい、という思いを持ってくれる人を増やし、親戚のようなコミュニティを広げ、また来たい、だれかを連れてきたいという人をさらに増やしていきたい。そう考え行動していきます。

人口の8割を失い、建物の8割が流され、少子高齢化、過疎化が一気に進んだ人口わずか1000人ほどの雄勝で、私たちが社員研修をさせていただいている民間企業の総売上は合計で27兆円。日本のGDPの5パーセントに相当します。また行政官研修を受けている職員の数も全省庁の5パーセントに相当します。この5パーセントから社会的インパクトを出していく、目の前の社員や行政官が変わること、成長することで、それぞれの組織が変わっていく。ここに私自身のモチベーションもあります。

民間企業の研修で来てくれた社員の方々が、会社の本業を通じて地域を元気にしてくれること。研修を受けてくれた行政官の方々が、現場感覚とビジョンある行政官として、やがて各省庁の壁を越え、国と地方の間の行政上の不具合をなくし、日本の行政を変えてい

視察に訪れた小泉進次郎衆議院議員と足湯で車座になって語り合う。

くこと。そして、雄勝でのこれらの小さな事例や取り組みが全国各地に広がっていくことを私は期待しています。これらは決して非現実的なことではないと思っています。蒔いた種が芽を出すように、行政官研修生の中に蒔いた種がいつか芽を出す。こうした行政官研修の取り組みの先に、日本の未来がある。そう信じているのです。

思えば、総合商社や巨大メーカーや大銀行での仕事が「ビジネスの第一線」であるというようなイメージや、キャリアに関する「こうあるべき」という一般通念に、多くの人がとらわれすぎているのではないでしょうか。雄勝にやってくるビジネスパーソンのなかにも、そのようなイメージで選んだ就職先やキャリアに飽き足らず、悩みを口にする人がいます。

私にできるアドバイスは、やはり、心で感じて、心にしたがって動くこと、自分の内側からわき上がるエネルギーに従って一歩踏み出すことです。そして、心がワクワクすることをすることです。

心にしたがって動きはじめてから、私はそれ以前には感じたことのないほど大きな充実感をもって働けるようになりました。そしてモリウミアスをはじめ雄勝での活動は、私にとって、とてつもなくエキサイティングな、未来づくりの第一線なのです。

新しい企業、新しい働き方

企業のあり方についても、考え方が変わりました。

震災の1年前に、当時経営していた会社で社長を解任されるまでは、会社はだれのためにあるのかという問いについて、本心から企業は社会のためにあると思ってきましたが、実際には株主のためであったということを痛みの伴う体験で学びました。

しかし、これからの時代はそうではないと思います。会社は公のものであり、社会のもの。社会に貢献するという志を追求しつつ、きちんと利益も上げる。地域に貢献し、仕事を作り、雇用を生み出し、利益を上げつつそれ以上のソーシャルインパクトを生み出す会社。そして働くスタッフが物心ともに豊かになれる企業。そういう企業のあり方を追求したいと思っています。「志《こころざし》と物差し（そろばん）」を両手に持ちながら社会に貢献する企業です。

モリウミアスの事業は、損益分岐点は見えてきていますが、公益社団法人という形態のため、現行法上では賞与が出せないことになっています。いずれはスタッフに安定した給与に加えて業績に応じた賞与も出せるような組織のかたち、法人の形態をつくりたいねと理事メンバー内で話しています。

モリウミアスのスタッフは、現在10人。雄勝出身で旧桑浜小学校卒業生の今野瑠理さんのほか、震災前は県外で働いていたものの地元のために働きたいと戻ってきた人、リゾート運営会社に勤めているあいだに雄勝に来て転職を決断した人、大学時代にインターンシップをしていてそのまま就職した人、かつて自衛隊で働いていた人、大学の非常勤講師をしていた人、地元のＪＡで働いていた人、そして私が震災前にオープンしてから7年目に入った薬師寺門前ＡＭＲＩＴのスタッフだった人。

スタッフの1日は、朝8時半の朝礼から始まります。その日にすることを分担して、仕事にとりかかります。こどもたちの学びをサポートする仕事、宿泊や食事にかかわる仕事、施設のメンテナンス、野菜の世話、豚の飼育などの仕事、会計など事務的な仕事などなど。

お昼を食べて、また仕事をして、夕方にまた終礼をしておしまいです。ゲストが来ているときは、終わるのは夕食後、午後8時くらいになりますが、来ていないときは5時半くらいに終礼となります。

人が来ていないときはゆっくりと設備の整備などにあてられますが、宿泊客が連続すると、人を見送った後にすぐ次の人を受け入れることになり、毎日が文化祭の前夜みたいな状態になります。慌ただしいけれど楽しく、多くのこどもたちに来てもらえることがうれしくてワクワクする気持ちは、実際、文化祭の前夜に似ているかもしれません。

また、漁師さんが忙しい時期には、応援要請を受けて、スタッフが浜や海に出てお手伝いをします（ボランティアではなく時給をお支払いいただいています）。早朝、モリウミアスでの仕事前にホタテの水揚げをサポートしたりすることも。漁師さんたちには、モリウミアスでの体験学習の講師としてお世話になっているから、という事情があるだけでなく、現実的に、昨今は浜で働く人の数が減っているため、単純に人手が足りないからです。

先日、ふたりのスタッフが船舶免許を取りました。自分たちで船を動かせれば、体験学習でこどもたちを海に案内するにも便利ですし、漁師さんのお手伝いの幅も広がりそうです。私たちの仕事は「○○業」とひとことで定義するのが不可能な状態ですが、それは地域と一体になった事業だからこそです。「半モリウミアス、半漁師、という働き方がしたい」と語るスタッフもいます。

私自身、繁忙期には海での作業も手伝い、週2回は東京や全国と雄勝を行ったり来たりする、ちょっと変わったトライアスロンのような生活を続けています。だいたい週3、4日が雄勝、3、4日は東京か全国各地のどこか。「そんなに移動が多くて、大変ですね」と言われたりしますが、雄勝でのゆったりとした時間の流れを感じ楽しみつつ、まったく異なる環境で暮らすのもおもしろく、楽しい毎日です。

モリウミアスのスタッフや私のような働き方、住まい方も、これから増えていくのではないでしょうか。

以前、出生率最低の東京に、地方出身の若年人口（出産適齢者）が吸収される構造を「東京ブラックホール」と呼ぶ方の話を聞きました。

お話を聞いていて、タコが自分の足を食べている図が頭に浮かびました。すべての足を食べきった後、頭だけになったタコは生きられるのか、と。

東京ブラックホールはどうすれば薄れるでしょうか。思うに、大企業や多くの民間企業が都市部だけで人材を吸収してしまっているところに大きな課題があり、今後のチャレンジが必要です。本社を地方に移転したり、地域の一次産業や企業に社員を出向させたり、都市部と地方のデュアル生活を推進するような勤務体系、あるいは、ロート製薬のように兼業を推進し、地域の一次産業や企業を支援したり協業するような取り組みが日本中の企業に浸透していくことで、ブラックホールは薄れ、いずれ消滅するのではないか、と思うのです。

ビジネスの本流での変化

また、「ビジネスの本流」のような企業でも、変化が起こっています。私たちの活動を当初から応援してくださっているロート製薬が企業のロールモデルになると思っています。ロート製薬は社会貢献を長年にわたりやり続けています。社名をあまり前面に出さないため（社名を出さないことを徳とする、と私は思っています）、知っている人も少ないのではないでしょうか。

東日本大震災の発災直後、ロート製薬は遺児・孤児となったこどもたちの高等教育進学の夢を応援するための奨学基金「みちのく未来基金」を設立しました。震災で親を亡くしたこどもたちの中には高校卒業後の進学をあきらめ早く独立しようと考えるこどもも多いといいます。みちのく未来基金は、震災遺児・孤児の大学や専門学校への進学を、給付型奨学金で支援している基金です。震災の年に生まれたこどもが大学を卒業するまで続けるという覚悟で始めました。カゴメ、カルビーにも声をかけ当初3社で設立、現在はエバラも加わり4社を軸とし、広く一般にも寄付を呼びかけています。スターバックスコーヒーの店頭でも「みちのく未来基金」という名前を見たことはある人もいると思います。

長い復興の道のりには地元のこどもたちが大きな鍵を握っています。給付型奨学金で進学できたこどもたちはすでに第5期生を迎え、のべ500人ほどが「みちのく未来生」としてそれぞれの将来の夢に向かって学んでいます。このこどもたちへの支援こそが東北の未来につながる取り組みでもあります。

「企業は社会に貢献するためにある」ということを愚直にやり続けている企業の姿、経営者の姿、社員の方々の姿に、私は心をわしづかみにされました。ロート製薬が震災のずっと以前から全国の地域に社員を送って会社と社員に変革と成長を促してきたことを知り、そして震災後の活動を通じて、私はロート製薬の布教者になりました。おそらく年間1000企業（人）以上の方々に「ロート製薬はこんなにすごい会社」「ロート製薬は今もすごいが5年後、10年後はとんでもない会社になっている」など伝え続けています。

私たちの雄勝での活動に対しては、出向社員2名だけでなく、社員ボランティアや社員研修など、さまざまなかたちで継続してご支援をいただいています。

ロート製薬の目指していることのひとつは、薬に頼らず健康寿命を延ばすこと。製薬会社の自己否定ともいうべきビジョンです。「薬に頼らない製薬会社になりたい」というメッセージは、食を通じた健康への挑戦であり、覚悟でもあります。同社は「再生医療への挑戦」も掲げています。目薬や基礎化粧品の研究開発で培った技術力と、前例がないことに果敢に挑戦し実現してきた開拓者精神で、健康で豊かに生きる可能性を広げることに挑戦していくのでしょう。

ロート製薬は、社員に条件付きの副職を認め奨励する制度でも注目されています。他社やNPO、地域で働く兼業（副職）を認める。会社の枠を超えて培った技能や人脈を持ち帰ってもらい、ロート社員自身の多様性を深めるねらいがあります。就業先を届け出れば、平日の終業後や土日祝日に他社で働き、収入を得ることを認める。山田邦雄会長兼CEOいわく「社内ではない刺激や気づきがあれば、座学より社会経験が積める」。

このようなロート製薬は、新しい企業のあり方を体現しているように思えてなりません。これからもロート製薬、そして同社社員の方々と一緒に、地域が元気になるような事業や商品、サービスや仕組みを作っていきたいと願っています。

また震災後、同様に企業のあるべき姿を見せてくださったのが三菱商事です。三菱商事復興支援財団をつくり、東北の復興を担う企業に出資しただけでなく、大勢の社員を東北の支援活動に派遣しています。モリウミアスにも年間200人ほどの社員の方々が今もなお継続して来てくださり、間伐や改修作業のボランティアをしてくださっています。三菱商事は自ら福島にワイナリーをつくるなどの取り組みもしています。

日本の企業はこうあるべきだ、と思います。こうした三菱商事の取り組み、資金・人・情報・信用など総合商社が持つすべてのリソースを東北の地域のために注いでくださった姿を、東北だけでなく全国の多くの企業、企業人の方々が実際目にしており、三菱商事のファンになった人も多いと思います。

持続的な地域や社会をつくるということに社員全員の意識が向くように、頭と身体で汗をかくこと。これに本気で取り組んでいる会社と、そうでない会社との間には、これからの5年、10年で、人材育成や地域の人たちからの信頼といった面で、大きな差ができるのではないでしょうか。

本来、日本の企業は社会と地域に貢献するために存在していました。東日本大震災を契機に、本来そうであった日本の企業の姿に戻りはじめたとも感じています。

「風土」という言葉があります。風が運んだ種や胞子が土に根差して、新しい植生や交配による変化がその土に生まれ、たえまなく進化し続ける。外からくる人は風、元々その地域にいる人は土という関係です。風の人がいずれその土地の土になることも出てきます。地域に元気がなくなってしまったのも、そうした昔はあった人の循環が少なくなったことが原因のひとつかもしれません。今後は日本の企業から風の人が増えていってほしいと思います。

都市部の大企業に一極集中・内在した人材を地域に分散・移動させ、地域に風を呼び込むことで未来が変わる、新しい風土が生まれると信じています。

２０２０年の日本

ふと思うことがあります。前回の東京オリンピックを機に日本は高度経済成長に入りました。震災から９年、今から４年後となる２０２０年には東京オリンピックが開催されます。

２０２０年という節目の年は、どんな世の中・方向感になっているのでしょうか。もちろん、オリンピックはスポーツの祭典であり、何か特定の経済指標や社会の進む方向を指し示すものではありません。しかし、私はこの４年間が日本にとって大きな節目になると感じています。

震災を機に確実に変わった企業のＣＳＲやＣＳＶに対する姿勢や、自分の仕事と会社と社会がつながっていくべきと考える職業観が広がり、地域コミュニティの重要性が叫ばれ、少子高齢化や過疎化、地域や一次産業の衰退などの社会課題には官民一緒になって取り組んでいかなければならないことが明白になるなど、この4年間で時代の潮目が変わり、幕末から明治への激動・価値観の転換と同じようなことが起こると考えています。戦後の大量消費型・一極集中型経済成長を超えて、働き方や企業の在り方がどう変化し、アジア諸国へ、世界へ何を見せていけるのか。政治家や官僚だけでなく、企業に勤める企業人も含めて、ひとりひとりが自分の「使命」を感じること、未来の絵、未来の姿を、解像度を上げて鮮明にイメージすること。「使命」とは限りある命を永遠に続く何かに変えたいと願う行為、と恩師から教えていただきました。

ひとりひとりが目の前のことから、未来の景色を変えることを意識し、想いを馳せ、行動していくこと。魅力のある未来を作ることが大切であると感じています。魅力ある未来に人は集まるのだから。企業や行政、NPOや個々人のこれからの4年間の歩みが、振り返った時に線となり道になっているのではないかと思うのです。

以前、パーマカルチャーデザイナーの四井さんからこんなことを聞きました。「グラウンド全体に芝生を敷き詰めなくても、多様性ある持続可能な芝生を数か所で作れば、芝生は自然に増殖し、いずれグラウンドを覆いつくすことになる」と。

これからの日本の変化は、まさにこの自己増殖する芝生をつくるかのようなやり方で進めるのがよいのではないか。小さな村からでもいい、多様性ある持続可能な地域を、企業や行政、地域住民や多くの国内外問わずかかわる人たちと一緒に、英知を集結し、膝をつきあわせ一緒につくり上げる。そのような地域を各地でつくっていけば、グラウンドの芝生がつながっていくように、いずれ日本中につながっていくのではないか、そう考えています。

人が集まるから村になる

2013年、モリウミアスの設立準備を始めた年から、その校庭で、旧桑浜小学校の卒業生を中心とした浜の住人が集まる大運動会が開かれるようになりました。

小さな校庭に開場1時間以上前におじいさん、おばあさんが集まってブルーシートの上に腰を下ろし、小学校の思い出話に花を咲かせながら楽しそうに語らっています。校舎と桜の木の間に長く張り巡らせたロープには幾重にも色とりどりの大漁旗が吊るされ、風にそよいでいます。

学校が新しくよみがえる前に、何か地域のみんなが集まれることをやりたい。ぬくもり実行協議会で出てきたそんな声を受けて、上は95歳から下は歩きはじめたばかりのこども

地域のみんなで楽しむ運動会。

まで、おそらく世界一年齢の幅が広い運動会が企画されたのです。

当日は、ぬくもり実行協議会に参加した地元の方々だけでなく、旧桑浜小学校の卒業生や、雄勝に住む人のこどもや孫など、多くの人が石巻市街や県内から続々と集まってきました。開会にあたって、懐かしい桑浜小学校の校歌をみんなで斉唱。おじいちゃん、おばあちゃんたちは、しっかり歌詞を覚えています。長い間止まっていた時計が動きはじめ、時間の針が逆戻りしたようです。校庭を元気に駆け回るこどもたち。自分たちがこどものころに見た風景が重なっているのか、集まったおじいさん、おばあさんは目を細めて喜んでいます。

おじいちゃん、おばあちゃんによる玉入れや、お年寄りを若者が背負って走る食い物競走などもあり、ユニークな光景にみんなで大笑い。

なかでも桑浜小独自の競技「献血リレー」はおばあちゃんに大人気です。他の競技では「私はいい、いい。若い者が出て」と遠慮するのに、献血リレーのときは、定員以上の参加希望者が列に並ぶほど。どんな競技かというと、食紅を入れて血液に見立てた水を、バケツにいれておき、コップですくって、こぼさないように走って、一升瓶に入れるというものです。その盛り上がり方は尋常ではありません。

競技を見ていたひとりのおばあさんが「震災後にこんなに笑ったのははじめて」と言ったのが印象的でした。

2回目からは、なんと開場の1時間半前くらいから、おばあちゃんたちがやってきて陣取るようになりました。それくらい楽しみなイベントになったのです。年に1回、みんなが集まり、元気かと声をかけあい、語らう場所。漁師さんが来て浜焼きをしてくれたりもします。

もうひとつ印象的だったのは、かつて桑浜小学校を率いた故・阿部校長先生がやってきてくれたことです。95歳で、寝たきりの状態でしたが、「ぜひ行きたいと言うから」とご家族が連れてきてくださったのです。阿部先生が現れると、当時生徒だったおじいちゃん、おばあちゃんたちが、「校長先生!」「校長先生!」と取り囲みました。小学校はかつて、地域コミュニティの中心だった。そのことを改めて思わされる光景でした。

この運動会は、モリウミアスのスタッフが主導したものではなく、地域のみんなで自発的に企画したものです。そんなすてきな催しが開かれる場所を作れたことに、私たちは大満足でした。

地域活性化の話で、「どうすれば村に人を集められるか」といった議論がされますが、本質的には、「村に人が集まる」のではなく、「人が集まるから村になる」のだと思います。人が集まりたい場所、集まれる場所をつくること。その意味を考えさせられた運動会でした。

エネルギーの本質は母性

世界一予約の取れないレストランと言われたスペインの「エル・ブジ」とペルーの「アストリッド・イ・ガストン」、その他イタリアを中心に海外でレストランや著名人のパーソナルシェフとして活躍し帰国した太田哲雄シェフが、２０１６年の夏、モリウミアスで特別プログラムをしてくださいました。

こどもたちをこども扱いせず、自身の信念や料理に対する想いを伝え、手間をかけた丁寧な料理をしてくれた太田シェフ。参加したこどもたちは、目を輝かせて話に聞き入り、超一流シェフとともに食材に向かいました。

こどもたちがかかわってつくった料理がウッドデッキに並べられ、それをみんなで囲んで「いただきます」。特別メニューを味わいました。

料理を通じて何を伝えるか、伝えたいことの根底にあるものは「愛情」であり「母の愛」です、と太田シェフ。母の愛、愛情を伝えるために、テロワール（食品の産地の土壌や気候などによる特徴）を意識した食材を使い、おいしくて健康になる料理を作ることを目指す。こどもにも、そして一緒に聞いていた保護者や大人にも、料理に対する姿勢がひしひしと伝わってきました。こどもたちも多くの気づきと学びを感じていたようです。

その瞬間、ふと思ったことがあります。

震災後に感じた、人の内側からわき上がってくるエネルギー。その本質は、母性なのではないか。

水が高いところから低いところに流れるように、母性にも不変の性質というものがあるならば、それは二つ。「喜ばれる」と「世の中がより良い方向に進む」という性質なのではないか。宇宙に法則があるとするならば、宇宙の法則もまた母性によって形づくられているのではないか。私は自分がそんなふうに考えるようになっていることに気づきました。

そして、はたと自分を振り返りました。自分は何を伝えたいのか。

人の内側からわき上がるエネルギー、「母性」を伝えたくて、事業創出や企業研修などの仕事をしている。そう考えています。

言葉以上に伝わる想いと熱量

２０１６年の夏には、山本圭一さんが大会代表として主催する、「三陸・雄勝 海の幸トレイルランニングＮＥＸＴ」が開催されました。

新鮮な海の幸を食べ尽くし、眺望のよいトレイルを走る。第５回となったこのイベントは、２０１３年６月に山本さんが「雄勝の海の幸を味わいながら気軽に地元の里山に触れてほしい」という思いで始めたものです。初回は参加者１６０人でした。今では、３００人以上のランナーが参加し、当日のスタッフ、ボランティアを含めると４００名規模のイベントになっています。雄勝町内のたくさんの方々が、自分のこととしてこのイベントを楽しみにし、運営に携わっている姿が印象的です。

前夜祭ではホタテや牡蠣、銀鮭、ホヤ、ウニなど雄勝の魚介類をふんだんに使った料理が、温かいものは温かく、そして冷たいものは冷たいままで、これでもか、といわんばかりに30品ほど供されました。旬の食材を使った、おいしく心のこもった料理が出るスポーツのイベントは他にはなく、まさに世界一と言い切れるのではないかと思っています。

すべては1年をかけて、参加者の方々のことを思いながら、丁寧に準備を進める山本さんの想いが込められています。

コース整備から前夜祭で使う食材の準備、大会すべてのロジまわり、フェイスブックやホームページを通して参加者みんながかかわっているように感じさせてくれる情報発信など、その苦労は計り知れないものがあります。

この5年間、雄勝の住民として丁寧に家族のように地域の方々との関係を築いてきた山本さんだからこそできる偉業です。どのようにしたらさらに喜んでいただけるか、より円滑に進められるかを考え、つねに進化する姿勢を、私は心から尊敬しています。

前夜祭が始まる前のスタッフミーティングで、感極まっていた山本さんの姿がとくに印象に残っています。この5年間の多くの方々との出会いや別れ、たくさんの方々への感謝、喜びや悲しみ、感動や苦労など、さまざまなことが思い出されていたようです。その様子を見て、スタッフもまた心を動かされ、必ずいいイベントにする、来てくださった方々を心から喜ばせるぞ、と誓ったようでした。

人を動かすのは言葉ではなく、本気で取り組む姿、想いや熱量なのだとあらためて感じた瞬間でもありました。

震災直後、雄勝にかかわるきっかけとなった、生徒たちのためになりふり構わず全身全霊で取り組んでいた佐藤淳一先生の想いと熱量が伝播し、今の私、そして私たちの活動があると思っています。

言葉それ自身は記号、音でしかありません。言葉以上に伝わる想い、そして熱量が大切です。とくに熱量は、人と会って人から感じるものでしかないと思っています。想いは文章や動画で伝わることもありますが、生身の人から出る熱量はやはり人を通して、伝播していくものだと思います。伝播した熱量は、時間とともに減ることはあっても、なくなりはしない。

それは、いつか芽が出る、人の心の中に種を蒔くようなものなのかもしれません。

あなたが変われば、社会が変わる

ありがたいことに、今までの取り組みや活動が注目され、さまざまな場所や、企業や団体、行政や学校などで話をする機会も増えました。

そういう場では、「社会に役立つことをしたい」と言う、意識の高い人たちに数多く出会います。私が40代になってから気づいたようなことを、10代や20代ですでに意識して、

「世の中に役立つことをしたい」「ビジネスで社会課題を解決したい」と、地域に入って行ったり、NPOで活動したりしている人たちです。率直に、すごいな、と感じています。すごいな、と思いつつ、自分も含めて「意識の高い」彼ら彼女たちは、どこか目線が上に向きすぎる傾向があるようにも思います。

自戒の念も込めてあえて言うならば、世の中をどうしたいと言う前に、「親孝行しているのか」、「周りの人を大切にしているのか」ということが欠けてしまいがちではないでしょうか。まずは身近な親や自分を支えてくれる周りの人たちを大切にすること、人と人とのつながりを意識すること。そうした豊かな人間関係の中で幸せは感じられ、そのような人と人との幸せなつながりが、芝生が増殖するように広がっていくことで、「世の中に役立つこと」や「社会課題の解決」も可能になるのではないでしょうか。

問題意識はいろいろあって、考えもあるのに、一歩を踏み出せない人にもたくさん出会います。そういう人には、まずは現場に行ってみること、目の前のことを一生懸命やってみることをおすすめしています。私自身、この5年間、最初からビジョンがあったわけではありません。今があるのは、ただ目の前の、こどもたちのため、人のため、漁師さんのためにと動いてきた結果だからです。

また、壮大なことより、小さな変化が大事なのだと気づいてほしいと思っています。どんな変化も、元をたどればひとりが別のひとりとつながって始まるのです。

のべ5000人にかかわっていただいて生まれた雄勝での活動やモリウミアスも、元をたどれば小さな体験教室であり、そのアイデアが生まれたのは雄勝中学校の佐藤校長先生ら数人の先生たちとの会話からでした。そのときだれも、将来モリウミアスのような施設ができると思った人はいなかったでしょう。小さな変化を自分たちの手で起こしたことが、少しずつ広がっていったのです。

そしてモリウミアスの事例は、やがて別の人が、他の地域で、何か新たな取り組みを始めるヒントになるかもしれません。

そんなふうに考えると、まずは目の前の、ものごとや仕事、ひとりひとりに本気で向き合い、感謝の気持ちをもって、やりきることがとても大切に思えてくるはずです。

だから、雄勝へ向かう車に乗ってきてくれた人に、企業研修で雄勝アカデミーにやってきた若者に、ビジネスパーソンや行政官の方に、私は最初に言います。「あなたを通じて会社が変わり、世の中がよくなることを、期待しています」

私がここで活動を続けるモチベーションはどこにあるのか。それは、震災後に私が感じてきた人間の内からわき上がるエネルギー、人の熱量を目の前のあなたに伝えること、そしてあなたに会社や周囲を変える原動力となってもらうことなのです。

一歩踏み出したい人へのメッセージ

私たちの活動を応援してくださっている方たちに、雄勝での活動に関わったことで感じたことや、一歩を踏み出したい人へのメッセージを寄せていただきました。

◈いろんな人との繋がりの中で、多くの元気をもらいました。行くだけで笑顔になれる。そんな場所です。

（秋田 真琴　会社員）

◈夢をかなえるには、健康であることです。今、何を食べているの？　今、誰と食べているの？　10年20年先のこどもの心と体の健康は、家族団らん、日々の食生活で決まります。

（浅井 宏純　62歳　ＮＰＯほがらか絵本畑・理事）

◈小さくてもいいから期限を決めて明確、具体的な目標に向って明日でなく今日発車！　道を選べば必ず目的地に時間内に到着出来ますよ。

（芦原 信孝　建築家）

◈子供たちのはじける笑顔が雄勝を元気にしてくれます。雄勝の未来は子供たちの笑顔とともに。

（阿部 徳太郎　57歳　地方公務員）

◈未来の日本のカタチを創る。大きな夢も「出来るコト」をやることから始まると学びました。これからも、たくさんの仲間と、美しい未来を描きながら。

（阿部 真　30歳　会社員）

◈雄勝はとにかくおいしいし、元気を出してがんばっている。だから、家族や友達誘って何度も通いたくなります。

（荒川 悦子　会社員）

◈震災復興だけでなく少子高齢化といった問題の最前線である雄勝で活動しているからこそ気づかされる自らの問題がありました。

（荒木 峻　22歳　学生）

◈たとえ陸の孤島であっても「思いのある人」「つながり」「仕組み」があればひときわ輝くものができる。sweet treat 311 とモリウミアスは地方創生の原点です。
（泡渕 栄人　45歳　公務員）

◈僕はボランティアで何度も雄勝を訪れています。個性や違いの大切さを知り、革新的でクリエイティブなアイデアをうむ力がつきました。雄勝で培われる力で行動に移してみましょう。
（Andy　中学生）

◈雄勝は美しく豊かな海と山に恵まれ、その中で子どもたちはキラキラと光ります。その光景に出会い笑顔になりました。
（市川 勝弘　61歳　写真家）

◈思い切って一人で参加した雄勝でのイベントがきっかけで、同じ思いの友達が出来、その輪が今でも広がって行く事に感謝です。
（市川 陽子　会社員）

◈モリウミアスの豊かな自然と、ここで出逢う方の復興に対する愛と意志が、訪れる者の「生きる力」も再生する。ここで生まれたエネルギーが、逞しく豊かな未来を創ると確信します。
（一木 典子　会社員）

◈森と海は繋がっている。モリウミアスでは、その中で私たちが生かされていることが、優しく美しく、そっと抱かれるように、心に伝わってきた。（稲田 美織　写真家）

◈ポジティブに行動する事が、新しい風を運んでくる！雄勝の町、出会った人たちがそう教えてくれました。
（今村 明子　主婦）

◈変わりなく支援を続ける立花氏達の五年の歩みを知る時、被災地にもう一度心を寄せたいと思う。今だからこそできることがあるはずだから。
（浦上 聖子　主婦）

◈挑戦する勇気をくれたのは、モリウミアスに集まる人々との語らいでした。〝初心〟を思い出すことができたのは、モリウミアスに広がる景色でした。雄勝で生まれる想いの〝科学反応〟を、多くのひとに体感してほしい。
（A. K.　公務員）

◈ここに来ると、心がじんわりと温かくなる。自分の目指すべき道が見えてくる。私にとって、雄勝はそんな場所です。ご縁に感謝して、これからも共に歩めることを心から願っています。

（H．Y．公務員）

◆雄勝に行くようになり、自分の力で社会を変えられるということを実感しました。行動する大切さを学びました。

（S．S．公務員）

◆私もなかなか一歩踏み出せない一人でしたが、活動に携わってみたことで、雄勝がぐっと身近な存在になりました。

（N　公務員）

◆海を見て、山を見て、ここに住まう人を見て、私、自分自身が、逆に勇気付けられている気持ちになります。

（大園 茂樹　46歳　会社員）

◆石碑に刻まれた言葉を見て、今出来ることは何か。親子で命の尊さを感じる。世界への扉を開け、持続可能な社会をつくる心の鍛錬の場。悠然と構える神秘的な自然に身を任せ、五感を研ぎ澄ます。笑顔あふれる時に感謝。

（大山 晃代　歯科医　3児母）

◆２０１６年夏に初めてお伺いし、おいしい食べ物と空気を満喫しました。あなたも雄勝でステキな時間を過ごしませんか？

（岡沢 啓一　35歳　会社員）

◆海、山、風、太陽、自然の中で聞く人の声や匂いにただ五感を揺さぶられ、来し方行く末を想うのです。

（岡田 晴奈　会社員）

◆初めて桑浜小学校を訪れたのは、雪とヒョウの降る悪天候の中でした。南国土佐育ちの自分と弟子の飯田くんは、その寒々とした気候もそうですが、被災した建物を灰色の景色の中、どんどん解体している光景に圧倒されました。そんな中で、雄勝の人たちにとって特別な場所を再生して再び人が集まる場所を創る、という計画に、参加させていただけたことは自分の人生に於いて特別な体験でした。モリウミアスをこれから訪れる方たちは、どうぞ東北の復興を祈り、それぞれが無理のない範囲で応援してあげてください。（岡本 直也　曳家岡本 親方）

◆壮大な夢を実現させる人々が集って驚きのプロジェクトが進んでいる。ここは見に来るべし。夢と感動と勇気が貰えます！

（小倉 健一郎　元雄勝診療所長）


◈「一人の百歩より、百人の一歩」あなたと共に一歩を踏み出したい人がいます。その一歩で、景色も心も変わります。主体変容あるのみです。（小笹 大道　40歳　教師）

◈「山青く海をめぐらし、美しき我がふるさとよ」我が初任校の校歌の景色がこれからの雄勝の子供たちの眼下に広がり、子供たちを見守っていただけますように。

（長田 徹　文部科学省調査官／国立教育政策研究所総括研究官）


◈全ては誰かの一歩からしか生まれない。ここから日本の地方社会の未来を拓いていけることを信じ、応援しています。

（小澤 智則　44歳　会社員）


◈母の故郷でもあり、私の第二の故郷となった雄勝。訪れるたびに、海と山と人とのふれあいでエネルギーをもらっています。

（小田代 睦美　会社員）


◈東日本大震災を機に多くの人が立花さんを中心にまとまり、震災復興から未来を築く場となってきたMORIUMIUS。そことのつながりは、己の日々の活動が誇り高き未来へのつながりを有していると自ずと覚悟させます。（小野寺 正道　48歳　MORIUMIUS監査役）

◈「すべては必然」いただいたご縁に感謝です。さらなる一歩にエールを！（小野寺 夢津子　石巻グランドホテル）

◈自然を尊び、命を学び、おかげさま、ありがとうが素直に言える。東北雄勝は私のパワースポットなんだよね。

（河崎 保徳　56歳　会社員）


◈震災から1年の雄勝を訪ねて以来、漁師のみなさんや復興に関わる仲間から元気をもらっています。どんな未来にしたいかを語り合うとき、人の目は輝くと実感しました。

（加藤 由布子 会社員）


◈雄勝は、生きていくとはどういうことなのかを教えてくれる場所でした。いまではふとした時に思い出す、心のふるさとです。

（河合 道雄　26歳　大学院生）

◈様々な体験学習の姿に子供たちの未来が今から楽しみです！　新時代の幕開けがすぐそばに来ているような感じがしました。

（楠田 喜丈　48歳　会社経営）

◈東北。決して流行を追いかけることなく、じっくり地に足をつけて生きる気骨の地。次の東北１００年価値を創造する旅は、これから。もう走り出した人も、今から参加する人も、共に！

（楠本 修二郎　カフェ・カンパニー株式会社代表取締役社長）

◈一度低くかがむことなくして高く飛躍することはできません。立派な思いなどなくとも、皆さんの小さな一歩がふるさとの未来への足跡になると確信しています。

（K. S.　42歳　会社員）

◈故郷に新たな息吹を吹き込みたい。そんな希望をもつ人たち、是非雄勝に行ってみて！　必ず学びがあります。

（けろちゃん　会社役員）

◈雄勝や東北で生きる友人たちのことが、大好きです。それだけじゃダメですか（笑）

（後藤 国弘　53歳　コピーライター）

◈温かな人々の笑顔と自然の恵みが豊かな雄勝を訪問する度に、まるで故郷に帰ってきたかのような安心感に包まれます。離れていても近くにある「心の故郷」を多くの方々と共有していきたいです。

（小林 留奈　会社員）

◈どんな年になっていても尋ねておいでよ自分で育ちなさいよと待っていていてくれる場所がある。一度経験すると1分1秒の時の流れが雄勝時間とつながる。雄勝故郷人口数十万人になるモリウミアスに刻まれた名前の未来が見える。

（西條 美智枝　株式会社グループ現代）

◈キャンプ中で1日民家に泊まらせていただいた日があったのですが、その時にいらしたおばあさんが性格がすごく良くて、初めて会ったのにすっごく優しくて感動しました。

（坂之上 天捺　13歳　中学生）

◈内気で人見知りする娘が短期間で驚くほど明るくなって帰ってきました。自然の中で人と触れ合うことで自信がついたのだと思います。2度目のキャンプは満面の笑顔で「行ってきます〜」と飛び出て行きました。
（坂之上 洋子　経営ストラテジスト）

◆子供は未来そのものです。多くの子供たちが雄勝の人、自然、文化に触れ、たくましく生きていく力を育んでほしいと願っています。これからも雄勝と共にありたいと思っています。
（佐藤 淳一　元雄勝中学校長）

◆創業時に成し遂げられた「12ヶ月連続目標金額達成」というクラウドファンディングの大記録は忘れません。
（佐藤 大吾　43歳　ジャパンギビング代表）

◆立花さんの描く夢を一緒に見て、立花さんが抱く志を多くの方が共感し、支え応援する。自らが動き実践する、人から応援される次世代のリーダー。これからもワクワクすることをご一緒しましょう！
（佐藤 功行　35歳　ロート製薬株式会社）

◆関わり続けて早5年。とどまることを知らない立花さんのエネルギーが周りに伝播し、大きなうねりを作ってきたのを見られて幸せです。5年後、10年後が今から楽しみ。これからもグッと来る何かをよろしくお願いします！
（佐藤 悠樹　31歳　公務員）

◆自然との共生、命の大切さを学ばせていただきました！
（佐野 孝裕　61歳）

◆雄勝に足を運ぶと感じる不思議なパワーが大好きです。これからもたくさんの方々と一緒に関わっていきます。
（柴田 春奈　会社員）

◆被災地に足を一歩踏み入れるととても心が痛くなる…。でも、そこから沢山の笑顔溢れる光景を目の当たりにすると来てよかった！と心から思う。自分に出来る事、まずは訪れる事！
（主婦）

◆純粋に、真っ直ぐに生きることの豊かさを、雄勝に生きる方から学んでいます。雄勝には温かな時間が流れ、そして人が繋がる、素敵な場所が広がっています。
（須賀 百合香　会社員）

◆木を切るのが苦手でも、釣りをするのが苦手でも、モリウミアスは楽しんで学ぶ所なので、友達と一緒に来てください。子育てが大変な人は、子供だけのプログラムがあるので、大人はモリウミアスのおいしいご飯を食べてゆっくりしてください。

（杉本　瑛美　9歳）

◆子供だけで来るのが大変なら、家族みんなで来るプログラムもありますよ。サッカーもできますよ。

（杉本　琉　7歳）

◆子供を自立した人間として扱い、子供もそれに応えようと努力するコミュニティを作っているところに敬服します。

（杉本　宏美　母）

◆古タイヤとビニールテープで雄勝中生がつくった「復興輪太鼓」。最初に聞いた重い響きは今も耳に残ります。活躍の場は、体育館から東京、京都、ついにはドイツへ。まるで彼らがつくる街の未来を見ているようでした。

（住友　洋介　39歳　ＴＢＳテレビ記者）

◆とにかく、心になにかを感じたら、先のことは考えずに一歩を踏み出す。そうすると、必ず、かけがえのない誰かに出逢えます！

（曽根原　千夏　公益財団職員）

◆雄勝には愛がある。山、海、人、温かい心が溢れている。雄勝に行き、生徒も教員も皆心から雄勝魂を感じました。

（高木　弘恵　学校法人菊武学園理事長）

◆過疎の町に震災後にできた、子供も大人も目をキラキラさせながら集まる場所。被災地だけでなく日本の未来を照らす明るい光。ありがとう！

（髙島　宏平　43歳　オイシックス代表取締役社長、東の食の会代表理事）

◆立花さんに出会ったのは震災直後の４月。いつも大きなリュックを背負い、被災地と東京を往復してました。あれから６年。今、雄勝にＭＯＲＩＵＭＩＵＳという場があることは、この国の希望のストーリーだと思います。

（高橋　大就　東の食の会 事務局代表）

◆雄勝は心にぬくもりを感じる場所です。少しでも多くのこども達に、この感覚を味わってほしいと思います。

（高橋　真知子　会社員）

◈モリウミアスには炭火のような煌々たる光がある。それはいつまでも決して消えない、みんなの熱い想いの輝きだ。

（高濱 正伸　57歳　花まる学習会代表）


◈一人ひとりが成果を出せる場、求められる時、かけるべき時間は違う。スピードだけが評価の対象ではないと思います。でも考えている間は何も生み出さない。失敗しても遅くてもいい、まず何か行動してみてください。

（田口 香織）


◈一瞬でも心が引き寄せられていると感じたら、何も考えずにまずはとにかくすぐに行ってみて、素の自分で感じてみる。そうしたら、かけがえのない人たちと巡り逢え、第二の故郷ができました。

（田澤 玲子）


◈雄勝には美しい空、森、海があり、モリウミアスには食、文化、人がある。ここにいけば何かを感じたり、体験したり。子供たちは精悍な顔つきになり、大人たちは何かに解放された顔になれる、そんな特別な場所です。

（田中（女性））


◈雄勝での活動を通じ、生きるとは何か？食べ物を頂くとはどのようなことなのか？を考えるキッカケにもなりました。大自然の中で美味しい食材を頂き、仲間との出会いもあり、年に数回、継続的に楽しんでいます。

（棚澤 啓介　47歳　会社員）


◈２０１５年、15歳の夏を息子は雄勝で過ごしました。あの夏の経験が息子の未来を変えたようです。どんな学校の勉強よりも大切なものを彼は学んだようです。ただただ感謝。

（次原 悦子　株式会社サニーサイドアップ）


◈〔元企業内研修担当者として〕新入社員と4年目社員が年1回ＭＯＲＩＵＭＩＵＳで学んでいます。机上では学べない貴重な〝体験〟が確実にここにはあります。〔個人として〕〝人の想い〟と〝自然の力〟がベストマッチしている場所です。雄勝って本当に不思議な〝磁力〟を感じます。

（恒吉 剛　50歳　会社員）


◈雄勝の豊かな森と海に囲まれた営みを見つめ、関わり、私たちのライフサイクルに取り入れていきたいと思います。

（T．K．30歳　公務員）

◆アメリカに住みながらも想い愛するモリウミアス。偉大な美しい自然の中で、生きる力を感じられる私の故郷。
（寺尾 のぞみ　起業家）

◆雄勝の自然と、最高のスタッフが迎えてくれます。生まれたばかりの息子を行かせるのが今から楽しみです！
（土井 花野　会社員@育休中）

◆雄勝の土を使った露天風呂づくりでたくさんの方に出会えました。たくさんの笑顔と勇気をどうもありがとう。何かしたいと思っている方は、どんなことでもぜひ参加してみてください。きっと感じることがあるはずです。
（遠野 未来　建築家／露天風呂 設計監理担当）

◆雄勝で半年間住むのは人生のターニングポイントでした。日本で働くことや、地域活動への参加や、食に対する感謝・興味の全ては雄勝から始まりました。
（トラン ツー　会社員）

◆彼女は赤の絵の具を持っていた。彼は青で、僕は黄色。みんなの個性が混ざり合って、いろんな色になる。雄勝で起きているのは、そんなようなこと。みんなの力が少しずつ集まるからこそ、多彩になっていく。
（永井 北斗　39歳　デザイナー）

◆日本・社会の未来を考えるとき、自分の中で大事にしている場所です。雄勝に関わることで、きっと感じられることがあると思います。（中江 遼太郎　24歳　公務員）

◆いつも若手行政官に大変貴重な学びの機会をご提供くださり、感謝の気持ちで一杯です。
（二井矢 洋一　51歳　公務員）

◆新しい出会いや新しい気付き、そこからいつもちょっと成長させてもらっています。また、行きます。
（西川 大輔　46歳　会社員）

◆協力し合うことの大切さを再確認しました。人間って素敵ですね!!
（丹羽 一貴　45歳　会社員）

◆山と海と人の温かさに溢れたＭＯＲＩＵＭＩＵＳは、「また帰ってこよう」と思う故郷のような場所です。様々な人の手により変化し続けていて、楽しみがどんどん増え、広がっています。

（貫井 香織　椎茸農家）


◈あれこれ考え過ぎて動けないより、まずやってみようと決めて走りながら考えることがいかに大事だったか、あのときから考えるようになりました。

（橋本 浩一　橋本産業株式会社）


◈雄勝に行き、触れ合う自然、関わる人、大人子ども含めすべてから、自身が本当に大切にしたいこととは何なのか。考え直すことができました。

（馬場 胡々路 ニックネーム：バンジー　学生）


◈変化を求めるなら、１日１回小さな一歩を変えましょう。世界はあなたが思っているよりも簡単に変化させることが出来ます。自分で選択した結果が、いいことも、わるいこともある。

（浜吉 勇馬　33歳　美術家）


◈支援を受けた多くの子どもたちは「将来は社会に貢献する仕事をしたい」と言います。一人の人に捧げた小さな「思いやり」は未来へどんどん広がっていくのです。

（林 裕子　3.11塾）


◈娘共々、震災直後から細々と〝行ける時だけ〟伺っていますが、今では第二のふるさとです。細々だけど、長〜く関わらせてください！

（平川 理恵　横浜市立中川西中学校 校長）


◈どんなに小さなことにも「本気」で取り組むこと。その積み重ねが成長につながる。今、実感しています。

（福本 貴之　31歳　会社員）


◈東北の中でも厳しい場所だからこそ、未来の可能性がモリウミアスにはあります。世界中の子どもたちが集う場所になることを願っています。

（藤沢 烈　41歳　非営利団体代表）


◈桑浜小学校のリフォームには、新築するより、多くの労力とお金がかかりました。しかし、それが人の繋がりとなり、宝となりました。日本のサグラダファミリアを目指して、進化していくのを夫婦ともども楽しみにしています。

（藤原 惠　62歳　医師）

◆単なる教育事業に留まらず、ソーシャルビジネスにおいて多くの人と一緒に立ち上げているノウハウ、人としての生き方・在り方、日本の地方の素晴らしさ・希望・光・可能性、そしてコアメンバーの二人のライフストーリー、血と汗の結晶等、多くのことを学べます。是非、雄勝に行ってみてください。

（船橋 力　文部科学省トビタテ！留学JAPAN
プロジェクトディレクター、sweet treat 311 理事）

◆自分に出来ることを楽しんで出来る範囲で続けていくことが大事なことだと思います。

（保科 和賀子　W Style Charity Market 主宰）

◆多くの人にとって、自分のそれまでのやり方を変え、新しい方法で自分を表現して行くことは、難しいことだけれど、大きな喜びです。私は雄勝で立花さんたちと出会って以来、それができることを学びました。

（堀田 一芙　熱中小学校 用務員）

◆友人の手伝いで東北を訪れたとき、自分は運転するだけでしたが、現地でお礼の言葉をいただきました。「連れてきてくれてありがとう」間接的でもどんなことでも、参加できて良かったなと感じました。

（堀江 稔之　40歳　会社員）

◆地元でもない。いま住んでいるところでもない。でも「こころを置いておける場所」「また帰りたいと思える特別な場所」として、雄勝をこれからも応援していきます。

（堀川 拓郎　29歳　文部科学省）

◆場と人には、言葉には表せない力がある。モリウミアスは、そんな場所です。とにかく行けばわかるさとまわりに話しています。

（本間 勇輝　38歳　会社経営）

◆ちょっとしたきっかけで雄勝に集まった不思議な縁が、今でも自分にとっての大切な財産になっています。

（前川 遼　30歳　公務員）

◆よく食べ、よく眠り、よく遊び、よく話し、よく学ぶ。大事なものは何か、考えました。雄勝で、ＭＯＲＩＵＭＩＵＳで、子ども達とたくさんのことを体験しました。一人でも多くの方に経験してほしいと思います。

（松浦 和美　会社員）

◈どんな過酷な状況でも、想いを持った素晴らしい人達が前向きに取り組めば、物事は好転できることを学びました。

（松永 武士　28歳　自営業）

◈地域の歴史が紡がれてきた廃校に新しい息吹をもたらす取り組み、石巻人として誇りに思い、まちづくりに取り組む者として尊敬いたします。

（松村 豪太　42歳　ISHINOMAKI2.0 代表理事）

◈毎年、新入社員が雄勝の森や海などの大自然の中での学びを通して、視座の高いタフな企業人への第一歩を踏み出しています。

（松本 憲明　橋本産業株式会社 総務人事部）

◈自分の能力に萎縮せず同じ使命感を持つ仲間と知恵を掛け合わせる事でこれまで様々なアイディアや打開策が生まれてきました。そんな仲間が更に増えて欲しいです。

（真鍋 摩緒　料理家）

◈自然と調和した雄勝・モリウミアスでの生活の中に、人間の営みとして本当に大切なモノがあると感じます。

（三代 祐子　フリーランス）

◈新入員と共に、夏の暑い日に、廃校の土砂を取り除く作業を行いました。あの校舎が、「モリウミアス」としてオープンされたことに感動を覚えます。雄勝の風景も年々変わってきましたね。これからもさらに東北を、日本を、元気にする活動に期待致します。

（三橋 康市　53歳　会社員）

◈立花さんたちの挑戦とあきらめない情熱が、悲劇を新たな可能性に繋げました。次代を生きるすべての人に感じて欲しい、未来の生き方や働き方のヒントがここにあります。　（宮城 治男　ＮＰＯ法人ＥＴＩＣ．代表理事）

◈雄勝の活動に関わりながら、立花さんのように最初を切り開く人、次を担う人、いろんな関わり方がある事を知りました。あなたらしい一歩が必ずあります。

（みよしようこ　プロデューサー）

◈2016年5月、立花さんの想いに触れ、有志メンバーで『三陸沖海の幸を楽しむ会』を都内で開催しました。最高の食材と料理人そして仲間たちの心が集結した会。子どもたち、ファミリー向け「海と山！ものづくり自然体験」「企業の研修の場」としての『モリウミアス』。我々それぞれの立場で考え、これからも立花さんのそして皆さんと未来に向けた、笑顔の活動の連鎖を目指していきたい。

（武藤 博昭　株式会社コモンズ（commonz.tokyo）代表取締役 プロデューサー）

◈一歩踏み出すことには勇気が必要です。その勇気を、雄勝で働いてる人の目に感じます。僕は雄勝に、一歩踏み出すことや勇気をもらいに行っているのかもしれません。

（棟方 則和　52歳　広告業）

◈震災復興の真っ只中にある雄勝。モリウミアスを通じ、子供達には失ったものを見つめ、再生する力を肌で感じてほしい。豊かな自然に寄り添う暮らしの中に、生きる知恵やヒントがきっとあるはず…。

（茂木 菜穂子）

◈お手伝いをしたいと思って向かった雄勝の活動、逆に娘と自分がたくさんの笑顔と豊かな自然に支えられた。

（桃井 拓真　団体職員）

◈立花さんたちの活動は、どんな所からでも一歩踏み出すと、世界がつながり広がっていくことを背中で教えてくれます。

（森村 隆行　43歳　会社役員）

◈この時代の新しい生き方や価値が、確実に生まれている事を感じられ、それを共に作る仲間といられる事を嬉しく思います。

（簗瀬 徳和　36歳　会社員）

◈多くの人の気持ちが集まるとこれだけのことができるんだと、雄勝に行くと、いつも勇気をもらっています。

（山内 幸治　40歳　ＮＰＯ法人理事）

◈日々を丁寧に、諦めずに、生き抜いていく力を雄勝のこどもたちから、また雄勝に集う人たちから、もらいました。

（山崎 寛子　会社員）

◈雄勝に行くと毎回、子ども達の元気さ、支援する方々の明るさ、東北の可能性に勇気を貰います。そして、まず動くこと、一歩踏み出すことの大切さを教わります。

（山梨 広一　62歳）

◈震災で大きな被害を被りながら、それでも復興し逞しく成長していく雄勝の姿には訪れる度に驚かされ、勇気を貰います。当時中学生だった僕が踏み出した「一歩」は、倒れても立ち上がる強さを教えてくれました。

（山梨 凜　19歳　学生）

◈未来ある子ども達が主役になれる。復興支援より豊かな生命を育む地球の仕組みを体感でき、一次産業なくして人の暮らしは成り立たないことが、地元の方々との交流で理解でき、地方創生の魅力を感じる場。どう進化していくのか見所満載でワクワクが止まらない。

（山野 玲子　母親）

◈深い自然に抱かれるモリウミアスでの時間、子供たちとの交わりを通じて、童心にかえる自らを覚えます。

（吉崎 浩一郎　50歳）

◈タチバナといえば「行動力」という言葉が思い浮かびます。まず動き出すことで、流れを作り出し、多くの共感を持った人を巻き込んで大きなうねりに変えていく。今後もそのパワーに期待しています！

（同級生の鷲尾　47歳　会計士）

◈日々忙しく過ごしている都会の生活の中でたまたま雄勝に出逢い、大自然の中での多くの素敵な方々とのかかわりによって人生がとても豊かになりました。また、連れて行った友人たちにとっても第二の故郷になりました。かけがえのない大切な場所です。

（若林 直子　経営者）

◈雄勝に暮らす人たちの街に対する誇りや、産業の着実な復興、新たなコミュニティの形成など、街を訪れる度に勇気をもらえます！

（渡部 有造　43歳　株式会社ヘッズ代表取締役）

◈震災で失われた物も多かったけど、それ以上に多くの人に出逢え助けられた事に感謝！

（妹・料理番長）

◈ボロは着てても、心は錦。クヨクヨせず、一日一日を精一杯笑顔で生きる。

（母）

あとがき

震災の翌年に出した前著『心が喜ぶ働き方を見つけよう』から5年の歳月が流れました。今でも本を読んだ方から「人生が変わりました」「一歩踏み出す勇気をもらいました」「グッときました」「涙があふれました」などの感想をいただきます。自分が感じた人の内側からわき上がってくるエネルギーに沿って、あれこれ考えずに一歩踏みだす勇気を伝えられたのではないかと思っています。震災から6年経過し、情報を更新したいと思うこと、あのとき思い描いた通りに進んだこと、まだ実現の時を待っていること、などさまざまです。

町の状況は、中心部に台形の盛り土が現れただけで、かつて集落があった場所には草原が広がっています。現在も震災後とあまり変わらない光景、町や自然の景色を見るだけでは、時間が止まっているかのように思うこともあります。一方で、先日のホタテの水揚げで乗船した震災当時19歳であった雄勝の若者が26歳になったという話を聞いて、時は確実に流れているということを実感しました。平成29年1月には当時の雄勝中3年生だった彼ら彼女たちが成人式を迎えます。平成29年には、こどもの姿を見ることもほとんどない雄勝町で小中併設校ができ、やっとこどもの姿が見られるようになります。公立の小中併設校とモリウミアスがどのように連携し、新たな学びの場に進化していけるのか楽しみでもあります。

震災直後、母妹の安否確認に戻っただけで、何のビジョンもなく、ただ目の前の人、目の前のことをやり続けてきて今に至っています。毎日毎日、ただ目の前のことを全力でやりきる、今、この瞬間、今、目の前の人に熱量をもって伝えることに注力してきました。まずは目の前の人、そのひとりから。そしてまたひとりと。未来は、目の前のひとりから、そして今日の前のことをやりきることの延長線上にある、そのように感じています。

津波ですべてが流され、後に広がった景色は20年後の日本の地域の姿でした。津波は、地域の緩やかな時の流れを止め、一気に時間軸を短縮し、以前から内在していた日本中の地域の課題を目の前に突きつけてきました。もし、津波がこなかったとしても、20年後には今のような光景になっていたでしょう。

地域で育てた人を都市が吸収し消費する循環に自分自身が入っていることに気付かず、何の疑いもなく、地元の大学を出たら必ず東京で働くものだと思って育ち、ためらうこともなく大学卒業後20年間東京で働いてきました。いみじくも、震災をきっかけに地元に戻り、生まれ育った地域から元気がなくなっていたということに驚き、同時に、少子高齢化、過疎化、産業の衰退、地域での持続可能な事業や雇用を生み出せる人材の不足、後継者不足や補助金に依存する一次産業など、震災地の問題は、実は震災前から日本の多くの地域が抱えてきた課題であったという事実を知りました。

一方で、民間の企業人の目で見ると決して持続的ではない、維持するだけでも高コストな体質になっている地域や産業に税金を投入して維持し続けていることにも衝撃を受けました。

この悪循環は、実は地域だけでなく都市部でも同じことが起こりつつあります。戦後の高度経済成長で東京への一極集中化が進み、地域のヒトとモノを消費することで構築されてきた循環とは真逆の日本のシステムが今、さまざまなシステムエラーを起こし、思考停止の危機的状態にあるように感じました。

だれが悪い、行政や政治が悪いなどと、言っても仕方がないことは言わない、批判からは何も生まれない、ということをモットーとしてやってきました。批判よりもまず行動。小さな事例を積み上げ、うねりにしていくこと。これがすべての始まりになる、そう思い行動し続けてきました。自然界には「吸収・蓄積・拡散」という有機物の法則がある、という話を四井さんから教えていただきました。ここには、自然の循環、都市と地域の人の循環、地域内での人の循環など、今後の行動指針やヒントがあると考えています。

震災から今までの歩みに例えると、地域の現状をひとりでも多くの方々に見てもらいたい、一緒に関わっていただきたいと首都圏から人を集め、6年間で600往復、のべ1300人を車で連れて来て（吸収）、地域の方々だけでなく首都圏を中心に日本全国、遠くは海外からの人も含め、のべ5000人が関わる廃校再生プロジェクトが生まれました。

築93年の廃校を手作業で改修し、世界中から想いと英知を集め、こどもの複合体験施設モリウミアスをオープンしました。地域の雇用と交流人口を増やし、地域経済に貢献しています（蓄積）。

地域性や多様性、持続可能な社会の大切さを体感したこどもたちが、それぞれの自宅に戻り「生きることを学んだ」と保護者の方に伝えています。企業の社員研修やオフサイトミーティング、全省庁の新入省行政官の5パーセントが5週間行う霞ヶ関行政官研修など、大人たちもここでの体験を通して、日々の業務の中で持続可能な社会をいかに実現していくべきかを意識しながら、商品開発や事業展開、制度を考えるようになってきています。持続可能な社会のためロート製薬のように企業の人材を地域に出向させたり、一次産業や地域活性化の事業に対して兼業を認める動きも出てきました（拡散）。霞ヶ関行政官が、５万人未満の市区町村に自ら志願して、持続可能な地域社会のために奔走する動きもまた拡散のひとつです。

自然の法則に従い、地域が開いて外から多くの人と英知を吸収し、新たな価値を生み出し蓄積し、そして持続可能な地域のモデル、企業や行政のモデルを地域外に拡散する。また、事業創造や価値創造をできる人材を吸収蓄積してきた民間企業が、自社の人材を全国各地域に拡散させることで、企業にとっても新たなビジネスチャンスが生まれ、持続可能な企業の実現につながり、結果として地域のあり方も持続可能なものになっていくと考えています。

宮城県石巻市雄勝町でのさまざまな取り組み、そしてモリウミアスは雇用を生み出し交流人口を増やす地域活性化のロールモデルとして、島根県海士町のように行政関係者や教育関係者、企業関係者や地域活性を考えるＮＰＯなど、さまざまな団体の視察地となっています。

これからも、目の前の人にどれだけ熱量を伝えられるか、その目の前の人を通して、どれだけ多くの人に熱量を伝えられるか。ひとりの力、ひとりの熱量が伝播し、共感のうねりになる。そのように多くの人が感じ、小さくても行動を起こし、自分を信じて一歩踏み出していくことで、広がる未来に期待と希望を持っています。人の熱量と熱量の伝播、共感のうねり。小さな事例の積み上げこそがいつか日本を変える、世界を変えるうねりになると信じています。

多大なるご寄付によりモリウミアス ルサイルをオープンを実現してくださったカタールフレンドシップ基金をはじめ、日本財団、ジャパンソサエティ、三菱商事復興支援財団、東日本復興支援財団、ジョンソン・エンド・ジョンソン、ロート製薬、ベネッセコーポレーション、浦上食品・食文化振興財団、地球産業文化研究所など、多くの企業や財団の皆さまに、資金面だけでなく人的なご支援をいただきました。

そしてまた、日頃から応援くださるサポーターの方々、浜の方々、プロボノメンバー、スタッフなどほんとうに多くの方々の熱意と誠意、行動の結集で今があります。

この場をお借りいたしまして、ご支援くださるすべての皆さま、関わるすべての皆さまに心より感謝申し上げます。

最後に、本の完成を待たずして、短すぎる人生に幕を閉じた英治出版の営業担当、故・岩田大志さんとは、結局お逢いすることができなかったことが心残りでなりません。岩田さんのご冥福をお祈りいたします。私もまもなく48歳になります。人生の折り返しは既にすぎています。生きている時間は有限で、68歳ならあと20年、それ以上であっても、いずれ必ずその時がくる。もっと前に会っておきたかったという年配の恩師や友人のこと、生きているうちに会ってみたかった方のことに想いを巡らせ「人生は有限」というものを感じざるを得ません。

まだ先のことと思っていましたが、英治出版の高野達成さんにお会いでき2冊目を書く決意ができました。本書を出すにあたり、さまざまな助言をくださった応援団であり僕のチアリーダー・田澤玲子さん、本書で触れた多くの仲間といつも支えてくださる方々、家族や友人、恩師や大切な人、関わるすべての方々に、この場をお借りして心からの感謝を申し上げます。

2016年12月

立花　貴

[著者紹介]

立花 貴

Takashi Tachibana

こどものための複合体験施設モリウミアスを運営する公益社団法人MORIUMIUS 代表理事。新しい漁業に取り組む漁師の会社、株式会社雄勝そだての住人 業務執行役員。東日本食産業の長期的支援を行う一般社団法人東の食の会理事。震災の孤児遺児を文化スポーツの面から応援しこどもたちの夢を叶える力になる公益社団法人3.11震災孤児遺児文化・スポーツ支援機構理事。日本の食文化・伝統工芸を発信する株式会社薬師寺門前 AMRIT 代表取締役。
1969 年仙台市生まれ。東北大学法学部卒業後、1994 年伊藤忠商事株式会社入社。2000 年食流通関連会社で起業。2010 年薬師寺門前 AMRIT 運営。東日本大震災直後、母と妹の安否確認で宮城へ。現地で 10 万食の炊き出しを行い、その後、宮城県石巻市雄勝町を中心に支援活動にあたる。人生の針路を転換し、雄勝町に住民票を移す。東京と雄勝を 6 年で 600 往復し、首都圏などから延べ 1,300 人以上を雄勝へ連れ、全国の応援団と地元の人たちと共に、新しい仕事づくり・学びの場づくりを目指す。

※本書のご感想をお送りください。
メールアドレス　takashi.tachibana.873@gmail.com

※この本の印税はすべて公益社団法人 MORIUMIUS に寄付されます。

● 英治出版からのお知らせ

本書に関するご意見・ご感想を E-mail (editor@eijipress.co.jp) で受け付けています。
また、英治出版ではメールマガジン、ブログ、ツイッターなどで新刊情報やイベント情報を配信しております。ぜひ一度、アクセスしてみてください。

メールマガジン：会員登録はホームページにて
ブログ：www.eijipress.co.jp/blog
ツイッター ID：@eijipress
フェイスブック：www.facebook.com/eijipress

ひとりの力を信じよう

「今あるもの」で人と地域の未来をつくる

発行日　2017 年 1 月 20 日　第 1 版　第 1 刷

著者　立花貴（たちばな・たかし）
発行人　原田英治
発行　英治出版株式会社
〒 150-0022 東京都渋谷区恵比寿南 1-9-12 ピトレスクビル 4F
電話　03-5773-0193　FAX　03-5773-0194
http://www.eijipress.co.jp/
プロデューサー　高野達成
スタッフ　原田涼子　藤竹賢一郎　山下智也　鈴木美穂　下田理
田中三枝　山見玲加　安村侑希子　平野貴裕　上村悠也
山本有子　渡邉吏佐子　中西さおり
校正　株式会社ヴェリタ
印刷・製本　中央精版印刷株式会社
装丁　英治出版デザイン室

ISBN978-4-86276-239-9　C0034　Printed in Japan